本书受西北农林科技大学经济管理学院资助出版

基于二元利益非一致性的农户土地利用亲环境行为研究

雷红豆　李世平　著

中国农业出版社
北　京

图书在版编目（CIP）数据

基于二元利益非一致性的农户土地利用亲环境行为研究 / 雷红豆，李世平著．—北京：中国农业出版社，2023.3

（中国“三农”问题前沿丛书）

ISBN 978-7-109-30506-9

Ⅰ.①基…　Ⅱ.①雷…②李…　Ⅲ.①农村—土地利用—研究—中国　Ⅳ.①F321.1

中国国家版本馆 CIP 数据核字（2023）第 042499 号

中国农业出版社出版

地址：北京市朝阳区麦子店街 18 号楼

邮编：100125

责任编辑：王秀田　　文字编辑：张楚翘

版式设计：杜　然　　责任校对：吴丽婷

印刷：北京中兴印刷有限公司

版次：2023 年 3 月第 1 版

印次：2023 年 3 月北京第 1 次印刷

发行：新华书店北京发行所

开本：700mm×1000mm　1/16

印张：9.75

字数：185 千字

定价：78.00 元

前　言

当前中国环境污染中的第一大污染源，当属农业环境污染，农业环境污染也已成为最严峻的环境问题之一。农业环境问题，说到底，是由人的行为和活动导致的。而作为农业生产活动的主要组成部分，农户的生产行为会直接或间接地影响整个农业生态环境，导致农业生态系统的失衡及农业生产环境的破坏。为从根本上改善当前的农业环境和土地污染状况，需要积极引导和鼓励农户在农业生产过程中实施和采纳土地利用亲环境行为。以往研究多从传统的计划行为理论框架入手，以检验和分析农户的农业生产行为，而通过实地调查研究后却发现，基于传统计划行为理论的框架来对农户的生产行为进行分析，其研究结果与解释仍存在很大漏洞和缺陷，实证结果表明农户的土地利用亲环境行为，不仅仅只受某一或某些特定因素的影响，更是一个由多种不同因素而综合产生影响的结果，显而易见，现存的传统计划行为理论框架尚且存在很多不足，无法对农户的土地利用亲环境行为做出全面而合理的解释，至此，亟须对农户的土地利用亲环境行为理论分析框架进行拓展和开发。

三农问题涉及诸多方面，其中最为重要的核心关键点，就是要妥善解决好农民的问题，而如果想要切实的解决农民问题，就一定要解决他们最为关心和关注的利益问题。高度关注农户的利益问题、分析与研究农户的利益问题、帮助农户实现他们的利益诉求，从长远来看，这不仅仅是解决当前农民问题的重要前提，同时也是解决现存农村问题以及农业问题的重要途径。农户的利益不仅仅关乎他们自身的局部利益，而且与社会和国家的整体利益息息相关。具体而言，就是农户的利益能否真正实现、能否真正进一步发展和提高，不但关系到我国小康社会的总体战略目标能否真正实现，更加关系到我国的长治久安与稳定发展能否真正实现。二十世纪我国社会的巨大变迁和不断积累的历史经验告诉我们，农户的利益诉求问题绝对不可以轻易忽视，相反的，要将其放在时代的变迁与发展过程中的重要地位。鉴于当前三农问题日益凸显而且其治理难度与日俱增，更应该将农户的利益诉求作为研究的逻辑起点，并对其进行深入探讨与实证研究。基于农户土地利用和生产活动的特殊性，本书着重对农户的经济利益与社会利益诉求进行探讨，针对农户经济利益内部非一致性、经济利益与社会利益非一致性，实证分析不同类型二元利益非一致性对农户土地利用亲环境行为所产生的影响。

本书首先对国内外的相关文献与历史研究资料进行综述，然后以计划行为理论为研究基础，构建基于二元利益非一致性的农户土地利用亲环境行为理论分析框架，通过甘肃、陕西、河北和山东四省粮食种植户（764 个）与蔬菜种植户（756 个）的实地调查数据，运用结构方程模型、有序 probit 模型及多元线性回归模型、层次回归模型等实证方法，验证不同类型二元利益非一致性对农户土地利用亲环境意愿与土地利用亲环境行为的影响；不同类型二元利益非一致性、农户土地利用亲环境意愿与土地利用亲环境行为三者之间的深层次关系；以及农户土地利用亲环境意愿向亲环境行为转化的实现路径，最后根据本书的各项研究结论提出相应的政策参考。

本书得出的主要结论包括以下几点：

(1) 在不同类型的土地利用亲环境行为中（包括有机肥施用行为、绿色农药施用行为、秸秆还田实施行为），所有的农户（包括全样本农户、粮食种植户、蔬菜种植户）在经济利益内部非一致性（长期经济利益与短期经济利益非一致性）、经济利益与社会利益非一致性（长期经济利益与社会利益非一致性、短期经济利益与社会利益非一致性）中均存在着显著差异。

(2) 在不同类型的土地利用亲环境行为中（包括有机肥施用行为、绿色农药施用行为、秸秆还田实施行为），农户的土地利用亲环境意愿水平都普遍较高，而粮食种植户与蔬菜种植户的土地利用亲环境意愿水平存在着显著差异。所有的农户（包括全样本农户、粮食种植户、蔬菜种植户），其土地利用亲环境行为（有机肥施用行为、绿色农药施用行为和秸秆还田实施行为）的实际实施程度普遍低于其实施意愿；同时，在三种不同类型的土地利用亲环境行为中，粮食种植户与蔬菜种植户的实际实施情况均存在显著差异。

(3) 在农户的土地利用亲环境意愿下，就其长期与短期经济利益非一致性而言：在有机肥施用意愿下，农户的长期与短期经济利益非一致性对两种不同类型农户的有机肥施用意愿具有直接抑制作用；在绿色农药施用意愿下，农户的长期与短期经济利益非一致性对两种不同类型农户的绿色农药施用意愿具有直接抑制作用；在秸秆还田实施意愿中，农户的长期与短期经济利益非一致性对粮食种植户的秸秆还田实施意愿具有直接抑制作用，而对蔬菜种植户的秸秆还田实施意愿不产生直接作用。在农户的土地利用亲环境意愿下，就其长期经济利益与社会利益非一致性而言：在有机肥施用意愿下，农户的长期经济利益与社会利益非一致性对两种不同类型农户的有机肥施用意愿具有直接抑制作用；在绿色农药施用意愿下，农户的长期经济利益与社会利益非一致性对两种不同类型农户的绿色农药施用意愿具有直接抑制作用；在秸秆还田实施意愿中，农户的长期经济利益与社会利益非一致性对粮食种植户的秸秆还田实施意愿具有直接抑制作用，而对蔬菜种植户的秸秆还田实施意愿不产生直接作用。在农户的土地利用亲环境意愿下，就其短期经济利益与社会利益非一致性而言：在有机肥施用意愿下，农户的短期经济利益与社会利益非一致性对两种不同类型农户的有机肥施用意愿具有直接抑制作用；在绿色农药施用意愿下，农户的短期经济利益与社会利益非一致性对两种不同类型农户的绿色农药施用意愿具有直接抑制作用；在秸秆还田实施意愿中，农户的短期经济利益与社会利益非一致性对两种不同类型农户的秸秆还田实施意愿具有直接抑制作用。

(4) 在农户的土地利用亲环境行为下，就其长期与短期经济利益非一致性而言：在有机肥施用行为下，农户的长期与短期经济利益非一致性对两种不同类型农户的有机肥施用行为具有直接抑制作用；在绿色农药施用行为下，农户的长期与短期经济利益非一致性对两种不同类型农户的绿色农药施用行为具有直接抑制作用；在秸秆还田实施行为中，农户的长期与短期经济利益非一致性对粮食种植户的秸秆还田实施行为具有直接抑制作用，而对蔬菜种植户的秸秆还田实施行为不产生直接作用。在农户的土地利用亲环境行为下，就其长期经济利益与社会利益非一致性而言：在有机肥施用行为下，农户的长期经济利益与社会利益非一致性对两种不同类型农户的有机肥施用行为具有直接抑制作用；在绿色农药施用行为下，农户的长期经济利益与社会利益非一致性对两种不同类型农户的绿色农药施用行为具有直接抑制作用；在秸秆还田实施行为中，农户的长期经济利益与社会利益非一致性对粮食种植户的秸秆还田实施行为具有直接抑制作用，而对蔬菜种植户的秸秆还田实施行为不产生直接作用。在农户的土地利用亲环境行为下，就其短期经济利益与社会利益非一致性而言：在有机肥施用行为下，农户的短期经济利益与社会利益非一致性对两种不同类型农户的有机肥施用行为具有直接抑制作用；在绿色农药施用行为下，农户的短期经济利益与社会利益非一致性对两种不同类型农户的绿色农药施用行为具有直接抑制作用；在秸秆还田实施行为中，农户的短期经济利益与社会利益非一致性对两种不同类型农户的秸秆还田实施行为具有直接抑制作用。

（5）在两种不同类型农户的有机肥施用行为模型中、粮食种植户与蔬菜种植户的绿色农药施用行为模型中，以及粮食种植户的秸秆还田行为模型中，长期经济利益与短期经济利益的非一致性抑制了农户土地利用亲环境意愿向亲环境行为的转化、长期经济利益与社会利益的非一致性抑制了农户土地利用亲环境意愿向亲环境行为的转化、短期经济利益与社会利益的非一致性抑制了农户土地利用亲环境意愿向亲环境行为的转化。但在蔬菜种植户的秸秆还田实施意愿向实施行为的转化过程中，长期经济利益与短期经济利益的非一致性、长期经济利益与社会利益的非一致性均不发挥显著作用。与此同时，在所有土地利用亲环境行为（有机肥施用行为、绿色农药施用行为以及秸秆还田行为）中，两种不同类型农户的短期经济利益与社会利益非一致性均抑制了农户土地利用亲环境意愿向土地利用亲环境行为的转化。

目　　录

前言

第一章　导论 …… 1

第一节　研究背景 …… 1
一、现实背景 …… 1
二、理论背景 …… 3
第二节　研究目的、意义及研究内容 …… 6
一、研究目的 …… 6
二、研究意义 …… 7
三、研究内容 …… 8
第三节　国内外研究动态 …… 10
一、国外研究动态 …… 10
二、国内研究动态 …… 14
三、研究评述 …… 15
第四节　研究思路及技术路线图 …… 17
一、研究思路 …… 17
二、技术路线图 …… 18
第五节　数据来源和研究方法 …… 19
一、数据来源 …… 19
二、研究方法 …… 20
第六节　可能的创新之处 …… 21

第二章　概念界定与理论框架构建 …… 24

第一节　相关概念界定 …… 24
一、利益与利益格局 …… 24
二、农户二元利益 …… 25

三、农户二元利益非一致性 …… 26
四、亲环境行为 …… 27
五、农户土地利用亲环境行为 …… 27
第二节 理论基础 …… 29
一、农户行为理论 …… 29
二、环境行为理论 …… 30
三、计划行为理论 …… 31
四、时间贴现理论 …… 33
五、外部性理论 …… 33
第三节 农户土地利用亲环境行为的理论分析框架构建 …… 34
一、长期与短期经济利益非一致性对农户土地利用亲环境意愿和行为的影响 …… 34
二、经济利益与社会利益非一致性对农户土地利用亲环境意愿和行为的影响 …… 36
三、不同类型二元利益非一致性的调节效应分析 …… 38
四、理论分析框架图 …… 39
第四节 本章小结 …… 40

第三章 二元利益非一致性的测度 …… 41

第一节 样本区农户基本特征 …… 41
一、农户个体特征 …… 41
二、农户家庭特征 …… 43
三、农户生产特征 …… 44
四、农户认知特征 …… 47
第二节 农户二元利益非一致性测度指标设计原则 …… 49
第三节 农户长期与短期经济利益非一致性的测度 …… 50
一、测量变量说明 …… 50
二、信度与效度检验 …… 50
三、农户长期与短期经济利益非一致性描述性统计 …… 53
四、粮食种植户、蔬菜种植户长期与短期经济利益非一致性差异分析 …… 57
第四节 农户长期经济利益与社会利益非一致性的测度 …… 58

一、测量变量说明 …… 58
二、信度与效度检验 …… 59
三、农户长期经济利益与社会利益非一致性描述性统计 …… 63
四、粮食种植户、蔬菜种植户长期经济利益与社会利益非一致性差异分析 …… 67
第五节 农户短期经济利益与社会利益非一致性的测度 …… 68
一、测量变量说明 …… 68
二、信度与效度检验 …… 68
三、农户短期经济利益与社会利益非一致性描述性统计 …… 72
四、粮食种植户、蔬菜种植户短期经济利益与社会利益非一致性差异分析 …… 75
第六节 本章小结 …… 76

第四章 二元利益非一致性对农户土地利用亲环境意愿的影响 …… 78

第一节 农户土地利用亲环境意愿现状 …… 78
一、农户土地利用亲环境意愿的测量及信度效度检验 …… 78
二、农户土地利用亲环境意愿描述性统计及差异分析 …… 80
第二节 变量选取及研究方法 …… 82
一、变量选取及预期 …… 82
二、研究方法 …… 84
第三节 结果分析 …… 85
一、二元利益非一致性对农户有机肥施用意愿的影响 …… 85
二、二元利益非一致性对农户绿色农药施用意愿的影响 …… 87
三、二元利益非一致性对农户秸秆还田实施意愿的影响 …… 90
第四节 本章小结 …… 92

第五章 二元利益非一致性对农户土地利用亲环境行为的影响 …… 94

第一节 农户土地利用亲环境行为现状 …… 94
一、全样本农户土地利用亲环境行为现状 …… 94
二、粮食种植户土地利用亲环境行为现状 …… 94
三、蔬菜种植户土地利用亲环境行为现状 …… 94
四、粮食种植户和蔬菜种植户土地利用亲环境行为差异分析 …… 95

第二节　变量选取及研究方法 …… 95
一、变量选取及预期 …… 95
二、研究方法 …… 97
第三节　结果分析 …… 98
一、二元利益非一致性对农户有机肥施用行为的影响 …… 98
二、二元利益非一致性对农户绿色农药施用行为的影响 …… 102
三、二元利益非一致性对农户秸秆还田行为的影响 …… 106
第四节　本章小结 …… 110

第六章　农户土地利用亲环境意愿向行为的转化
——二元利益非一致性的调节效应 …… 111

第一节　变量选取与预期 …… 111
第二节　研究方法 …… 112
第三节　结果分析 …… 112
一、有机肥施用行为下二元利益非一致性的调节效应 …… 112
二、绿色农药施用行为下二元利益非一致性的调节效应 …… 116
三、秸秆还田行为下二元利益非一致性的调节效应 …… 119
第四节　本章小结 …… 123

第七章　农户土地利用亲环境意愿向行为转化的实现路径 …… 124

第一节　政府层面 …… 124
一、加强宣传力度与技术指导 …… 124
二、建立绿色农业补贴机制 …… 125
三、积极推进农产品认证 …… 126
四、加大政府规制力度 …… 126
第二节　市场层面 …… 127
一、规范农资销售市场 …… 127
二、完善市场准入制度 …… 127
三、加强信息披露建设 …… 127
第三节　组织层面 …… 128
一、鼓励农户加入农业合作经济组织 …… 128
二、充分发挥产业组织相关服务功能 …… 128

三、完善组织与农户的利益分配机制 …… 128
第四节　农户层面 …… 129
一、提高获取绿色生产知识的便利性 …… 129
二、构建农户绿色生产教育培训体系 …… 129
三、加强对农户自我约束意识的培养 …… 129
第五节　本章小结 …… 130

第八章　研究结论与展望 …… 131

第一节　研究结论 …… 131
一、农户二元利益非一致性现状 …… 131
二、二元利益非一致性对农户土地利用亲环境意愿的影响 …… 131
三、二元利益非一致性对农户土地利用亲环境行为的影响 …… 132
四、农户土地利用亲环境意愿向行为的转化
——二元利益非一致性的调节效应 …… 134
第二节　研究展望 …… 134

参考文献 …… 136

第一章　导　　论

第一节　研究背景

一、现实背景

（一）不合理土地利用行为加剧中国土地污染

伴随着中国城市与乡村一体化步伐的逐渐加快，农村地区的经济发展取得显著成绩，而与此同时，随之而来的却是严重的土地污染。土地污染的主要来源包括两个方面，一个是来自农业生产的直接污染，农户为了作物增产而加大化肥施用量，为了快速治理病虫害而加大农药施用量，为了生产反季节经济作物而大量使用地膜等，从而使得农药、化肥、塑料薄膜的残留进入土壤，大大破坏了土壤的自我净化能力，导致了土地污染的加剧。另一个则是来自工业污染的间接转移，一些地方政府为了追求经济的高速发展而不断加快引进投资的速度，这就使得很多重型污染企业被搬迁到农村里，而其排放的废气、废渣、废水，则最终会进入土壤，导致严重的土地污染，进而导致农作物的重金属含量严重超标，最终危害人类身体健康。农业生产的直接污染和工业污染的间接转移，使得农村地区的土地污染成为一个突出的环境问题，极大地阻碍了农村经济与生态环境的可持续发展，直接威胁到人类的生活质量与身体健康（邵帅等，2020）。而农村地区产生严重土地质量退化的一大原因，则是在经济发展过程中，对于土地维护和修复的忽视，再加上与之相匹配的法律制度因种种原因而未能发挥其应有的作用，这就使得农村土地污染变得日益严峻却未能得到有效治理。

目前中国存在严重的农地环境污染，毫无疑问，其产生原因错综复杂，而究其根本，在于对农地的过度开发利用和对地力的严重透支，长期的过量施用化肥和农药等，致使土地处于带病耕作状态下，进而导致了严重的土地过劳问题。消极和不合理的土地利用与生产方式，诸如化肥、农药的过度使用，化肥、农药废弃物的随意堆弃，以及地膜的不回收处理，将会带来一系列严重的土地污染等问题。截至目前，中国的化肥生产与消费和农药生产与消费均位列全世界第一，除此之外，化肥和农药的年均施用量均呈现大幅增加趋势，具体而言，从化肥农药的总体施用量来说，远远超过国际上公认的化肥农药安全施用量（张慧鹏，2020）；从化肥农药的最优施用量来说，也远远超过国际上公认的化肥农药最优施用量（仇焕广等，2014），但从总体来看，化肥和农药的有效利用率，却在很大程度上远远低于国际平均水平，占比不到35%（田云等，2015）。长期在农地上过量施用农药，无疑会直接增加农产品的农药残留量；而长期在农地上过量施用化肥，也会直接导致农田土壤板结，进而降低土地的生产水平和肥力，最终导致农产品品质的大幅度下降。为了提高中国的农业生产水平和效率，农户大量增加了化肥和农药等化学物质的投入和使用，这虽然可以在短期内满足他们的生产预期，但从长远来看，却是以土地的重度污染和严重耗竭作为代价。从目前的占比水平来看，中国的人均土地面积不足世界整体平均水平的三分之一，人均耕地面积也仅为世界整体平均水平的40%（张维理等，2020）。农地生产潜力提高与农业环境污染恶化并行，对农业的可持续发展构成巨大威胁，土地污染改善与农业环境治理成为中国亟待解决的问题。

（二）农户采纳土地利用亲环境行为是土地污染治理的关键

作为农业生产的经济主体，农户不仅承担着农业土地资源的直接使用者角色，同时也承担着土地资源保护的直接受益者角色，中国研究学者朱晓雨等（2014）认为土地对农民来说包含着诸多价值，这些不同的价值充分体现了农户这一经济主体与土地这一经济客体之间高度紧密的、不可替代的相关关系，由此可见，农户是否实施土地利用亲环境行为，会直接影响到土地的生产质量与水平。农户作为农业投入与生产的核心经济主体，具有参与保护土地的先天便利条件与首要经济责任，其与土地资源之间的高度密切关系，决定了农户处于土地资源开发与利用的责任主体地位，也使得这一经济主体成为农业土地利用与农业环境保护的重要群体力量，最终使其成为农田与环境污染能否真正治理的核心与关键。如若农户不转变传统的生产行为转而采取环境友好型生产行为，仍然采取仅仅依赖化肥和农药等一系列外部性投入的传统生产方式，则无疑会加重环境和土地的负担，进而导致农业经济发展与土地资源保护之间的矛盾越来越突出和明显（杨建辉，2017），因而从本质上来说，只有真正引导和实现农户土地利用亲环境行为的转变，才会对农业环境和土地污染的切实改善起到积极作用（曹慧等，2019）。

面对日趋严峻的土地污染问题，中国政府着力推行农产品安全绿色生产，大力增强土地污染的治理力度，但推行效果却微乎其微，并没有从根本上有效地遏制土地污染不断恶化这一现状。理论界众多学者普遍认为，由于在整个农业生产过程中，农户的亲环境生产意识较为淡薄，大量施用化肥、农药和农膜等，直接导致了农田质量的大幅降低（李波等，2017）。农业产量的提高与农田污染的治理，似乎变成了两个不可调和的对立面，当农户在面临农业生产提高与土地污染治理之间的选择与权衡时，优先保证农业产出水平似乎成了理性农户的首要选择，然而实际调查研究过程中却发现，农户的现实生产决策并非和预期是一样的结果。伴随着人民生活水平的日益提高、公众对于农产品质量与食品安全等一系列与生活息息相关问题的高度关注，以及政府和社会对于农业环境与土地保护等方面重要性的宣传和普及，即使作为农户他们自身，也无法忽略对于农业环境保护的重视，其土地资源节约和农业环境保护等方面的认知水平也在不断提升（任立等，2019）。这其中最为直接的表现，就是农户在农业生产的过程中，越来越显示出亲环境意愿和亲环境行为的明显特征（Keshavarz et al.，2016；Sulemana et al.，2014；郭利京等，2014），而农户的生产决策与行动，并非只受到某一或某些利益因素的影响和驱动（温涛等，2015），实践调研结果显示，已有较多农户具有较高的农业土地资源和生态环境保护行为或倾向（徐忠，2021）。那么，如何解释农户的土地利用亲环境行为？是什么原因促使农户实施土地利用亲环境行为？该原因又如何影响农户土地利用亲环境行为？在农户土地利用亲环境意愿与土地利用亲环境行为之间又起到了什么作用？由于目前相关理论框架仍较为缺乏，研究结论对该现象的解释也明显不足，这一理论与现实的差距与矛盾使得农户土地利用亲环境行为的研究亟待进一步深化和扩展。

二、理论背景

（一）农户在土地利用过程中承担双重角色

导致农业土地污染问题的原因多种多样，但究其根本，在于化肥、农药等的过量投入和施用，农户作为农业生产和经营的主体人群，其特殊地位决定了农户成为农业土地污染和农业环境破坏的直接责任人（苏世燕等，2017）。农户是农业土地利用和农业环境改善的直接利益相关人与受益人，所有土地污染的治理法规与政策的有效执行，无不依赖于农户这一经济主体和行为主体的参与，农户行为贯穿于整个农业土地利用和生产过程当中，因而可以直接决定农业环境和土地污染的治理程度与水平，农户也因此成为承担当前土地与环境污染改善和治理的主要责任主体。已有众多学者关注到农户在农业生产行为过程中，不仅仅承担着农业环境破坏这一角色，同时也承担着农地质量保护这一重要角色，两种角色相互交织，使得农户成为学术界重点关注和研究的焦点人群。

当前，中国的劳动力市场格局发生巨大变化，原本聚集在农村的农业劳动力，也受此影响而开始逐步向第二及第三产业大规模转移，农村地区农业劳动力的丧失，导致部分农户因此采取消极的土地利用生产方式，仅仅将土地资源作为自己退守农村生活的最后一道生存防线（俞振宁，2017），从根本上缺乏农业环境和土地污染治理的积极性。国内已有大量学者研究关于地方政府或项目建设单位的土地利用问题，但是关于农户这一行为经济主体的土地利用亲环境行为研究还不成熟，未曾对农户土地利用亲环境行为的概念与内涵进行明确界定，也缺乏对其内在影响机理的深入探索，缺乏研究的系统性和规范性，因此有必要在明确界定农户土地利用亲环境行为相关概念的基础上，建立系统性的理论分析框架，对农户土地利用亲环境行为及其影响因素进行分析，充分发挥农户土地利用与保护主体的职能和积极性，切实改善中国日益严重的土地污染问题，保护珍贵的土地资源。基于此，引导农户向土地利用亲环境行为方向转变，成为土地污染治理的重要途径。

（二）二元利益非一致性是农户是否实施土地利用亲环境行为的核心

已有研究调查发现，对于经济利益最大化的追求和实现，是大多数农户农业生产和投资行为的最终目标，预期经济利益和投入回报成为驱使农户实施土地利用亲环境行为的重要决定因素，因而伴随着土地这一自然资源的财产性价值的显现，农户有可能会为了满足当下的经济利益诉求，而将耕地进行非农化利用方式的转变，这一生产行为方式的彻底转变，则会直接导致农户对于耕地质量和农业环境的保护意愿和保护行为降低（朱兰兰等，2017）。那么农户在追求经济利益的满足和实现时，是否会存在经济利益内部（长期经济利益和短期经济利益）的非一致性呢？从现实生活中的实践角度来看，农户若是实施土地利用亲环境行为，那么很有可能在短暂时间内，虽然农户的农业生产成本和投入时间增加，但从本质上来说，这种对环境有益的土地利用行为本身，就是对于农业环境和耕地绿色生产与可持续发展能力的直接改善（曹慧，2019）；同时，如果从长远的时间角度来看，环境友好型土地利用行为，一方面能够科学地提高农业生产总量，另一方面也能够减少农业生产要素的投入数额，从而减少对于农业环境的负担和污染。但是，如果农户在农业生产和生产要素的投入过程中，单纯的以仅仅满足市场供给和需求为其主要生产目标，则很有可能会为了追求当前的经济收益和利润最大化这一终极目标，致使他们盲目的增加对于化肥和农药的依赖，通过大幅度提高二者的施用量，来满足对于当下的经济利益和生产效益追求（郑纪刚等，2021）。

但伴随着农户家庭总种植面积数额的不断增加，以及他们对农业收入这一重要收入来源的依赖程度进一步加强，农业生产收入这一重要收入来源也就成了农户的一项稳定且长期的重要家庭收入来源，直接提高了农户对于农业环境保护与耕地质量保护的重视，农户会在农业投入和生产过程中，提高对于长远经济利益的考量程度，从而促使他们实施土地利用亲环境行为的转变，最终实现农业产量和生产效益的真正提高（刘乐等，2017）。由此看出，农户对经济利益内部诉求（长期经济利益和短期经济利益）的非一致性，会影响他们是否实施土地利用亲环境行为。那么，长期经济利益和短期经济利益的非一致性会对农户实施土地利用亲环境意愿和亲环境行为产生什么影响？长期经济利益与短期经济利益非一致性、农户土地利用亲环境意愿、农户土地利用亲环境行为，这三者之间更深层次的内在机理是什么？现有理论更多的是将经济利益作为一个整体进行研究，忽视不同类型经济利益对农户生产和投入行为所产生的影响差异，无法真正提升农户对长期经济利益的追求和关注，也无法充分发挥长期经济利益诉求对农户实施土地利用亲环境行为的促进作用。

农户作为贯穿整个农业生产过程的主要经营人，已有研究认为追求经济利益是农户实施土地利用行为最为重要的影响因素，由此将农户在本质上定义为纯粹的理性人，因而只有通过显化农业环境和农田质量保护的其他利益（例如生态利益和社会利益等），大幅度提高补贴力度和水平等诸如此类的经济刺激措施来增加农户的实际经济收益数额，才能达到引导农户实施土地利用亲环境行为的目标（牛海鹏等，2017）。但在现实实践和生活中，农户真的只关注经济利益而完全忽视其他利益吗？部分研究表明，在耕地产出带来的经济收益出现逐渐减少的状况下，如果仅靠单纯的作物产出和耕地收益，已经难以充分调动和引导农户进行农业环境保护和耕地质量保护的内在积极性，与此相反的是，农户在土地利用亲环境行为的实施过程中所获得的精神满足感，例如对环境福利的追求、耕地可持续利用潜力的追求，亦会成为引导农户实施土地利用亲环境行为的主导因素（姚柳杨等，2016）。由此可见，农户在决定是否实施土地利用亲环境行为时，往往会受到经济利益和社会利益的综合影响，而农户实施土地利用亲环境行为获得的社会利益存在正外部性，其利益成果和正外部性往往由所有民众集体共享（赵凯，2012），因而农户在保护农业环境和提高耕地质量时，一方面会获得一些社会利益，但另一方面也可能会导致经济利益的减少，社会收益和经济成本这一矛盾会导致农户的生产行为难以朝着亲环境行为方向转变。那么，经济利益与社会利益的非一致性具体将如何影响农户实施土地利用亲环境意愿和行为？经济利益与社会利益非一致性、农户土地利用亲环境意愿、农户土地利用亲环境行为，这三者之间更深层次的内在机理又是什么？现有理论仅从经济人角度出发来进行分析，显然已不能解释为何农户在经济收益无法弥补成本增加的情况下仍愿实施土地利用亲环境行为。

第二节　研究目的、意义及研究内容

一、研究目的

本书从二元利益非一致性视角探讨农户土地利用亲环境行为问题，通过构建农户土地利用亲环境行为理论分析框架，在对不同类型二元利益非一致性进行测度的基础上，验证不同类型二元利益非一致性对农户土地利用亲环境意愿、土地利用亲环境行为的影响，其次探讨不同类型二元利益非一致性在农户土地利用亲环境意愿向土地利用亲环境行为转化过程中所产生的作用，最后探索农户土地利用亲环境意愿向土地利用亲环境行为转化的实现途径，以期实现以下目的：

第一，构建农户土地利用亲环境行为理论分析框架。基于中国农业用地污染的严峻现实问题与农户土地利用的责任主体地位，在系统梳理国内外相关研究文献的基础上凝练出本书的问题，依据行为经济学对农户土地利用行为的分析逻辑、计划行为理论等构建二元利益非一致性视角下农户土地利用亲环境行为理论分析框架，以期解决由于目前理论研究框架的缺乏而不能对现实问题作出回答的困惑，尝试性地为农户土地利用行为的分析和研究提供理论参考。

第二，测度农户的不同类型二元利益非一致性。基于大量的文献筛选、研读、梳理与整合，开发设计出不同类型二元利益非一致性的测度量表，包括经济利益内部（长期经济利益与短期经济利益）非一致性测量量表，经济利益与社会利益（长期经济利益与社会利益、短期经济利益与社会利益）非一致性测量量表，同时对不同类型二元利益非一致性测量量表进行信度与效度检验，为不同类型二元利益非一致性对农户土地利用亲环境意愿与土地利用亲环境行为的影响研究奠定基石。

第三，检验农户土地利用亲环境行为理论分析框架。实证分析经济利益内部（长期经济利益与短期经济利益）非一致性、经济利益与社会利益（长期经济利益与社会利益、短期经济利益与社会利益）非一致性对农户有机肥施用意愿及行为、对农户绿色农药施用意愿及行为、对农户秸秆还田实施意愿及行为分别的影响大小与影响差异，同时分析上述三种不同类型二元利益非一致性对农户土地利用亲环境行为的总体影响情况。本书所包含的三种不同类型的土地利用亲环境行为，互为构建本书中农户土地利用亲环境行为理论分析框架的稳健性检验，用以验证本书所构建的农户土地利用亲环境行为理论分析框架是否具有可被进一步检验的稳健性和应用范围更广的可能性。

第四，分别厘清三种不同类型二元利益非一致性在农户土地利用亲环境意愿向土地利用亲环境行为转化过程中的内在机理，进而探寻三种不同类型二元利益非一致性在农户土地利用亲环境意愿向土地利用亲环境行为转化过程中的调节作用。通过深入分析三种不同类型二元利益非一致性在农户土地利用亲环境意愿向土地利用亲环境行为转化过程中的调节作用，为农户三种不同类型二元利益非一致性的协调和平衡提供指引与方向，使得农户土地利用亲环境行为的研究更具严谨性和全面性。

第五，探索农户土地利用亲环境意愿向土地利用亲环境行为转化的实现途径。基于前文二元利益非一致性对农户土地利用亲环境意愿和亲环境行为的影响，以及二元利益非一致性在农户土地利用亲环境意愿向亲环境行为转化过程中的调节效应，探索性地设计出促进农户土地利用亲环境意愿向亲环境行为转化的实现路径，进而为相关政策的制定提供有价值的理论参考和现实依据。

二、研究意义

（一）现实意义：研究二元利益非一致性的矛盾与协调，有利于促进农户向土地利用亲环境行为转变，切实改善土地污染这一现实问题

中国已制定了多项土地污染治理法律，以及相关环境保护法规，其中与农业环境保护和土地污染治理直接相关的法律超过二十部，地方性法律法规超过五百项（王瑛等，2021）。农户是土地污染治理的直接执行者和受益者，如何引导农户农业土地利用行为的转变，以实现农业的可持续发展，是亟须解决的现实问题。农户土地利用亲环境行为对提升土地污染治理具有举足轻重的作用，而在实施土地利用亲环境行为时会受到长期经济利益、短期经济利益和社会利益的综合影响。研究是什么因素影响了农户实施土地利用亲环境行为，如何有效促使农户实施土地利用亲环境行为，成为本书的重中之重。只有意识到农户在利益诉求中所存在的非一致性，才能据此采取有效措施，来充分调动农户实施土地利用亲环境行为的积极性，从根本上实现农户土地利用行为的转变。因此，研究农户实施土地利用亲环境行为时面临的利益非一致

性，对于实现中国当前的土地污染改善，以及政策的制定和实施具有重要的现实意义。

（二）理论意义：构建农户土地利用亲环境行为理论分析框架，有助于拓宽和推进农户行为理论的研究

作为全球生态系统的核心组成部分，农业生态系统已成为人类生活起居和衣食住行的最基础来源，而随着对农业生态系统的破坏不断加深，不禁诱发人们对于食品安全问题的思考和担忧，在这一严峻形势下，如何引导农户向亲环境的农业土地利用方式转变，便成为理论界的研究重点。而现有理论较少关注经济利益内部、经济利益与社会利益共同作用下对农户土地利用行为所产生的作用差异，缺乏对农户土地利用亲环境行为理论分析框架及不同类型二元利益非一致性在农户土地利用亲环境意愿向亲环境行为转化过程中调节效应的探究，理论与现实的差异阻碍了农户土地利用亲环境行为提升机制的有效构建。本书从二元利益非一致性视角出发，实证检验经济利益内部非一致性、经济利益与社会利益非一致性对农户土地利用亲环境意愿及亲环境行为的影响程度，探索不同类型二元利益非一致性在农户土地利用亲环境意愿向亲环境行为转化过程中的调节作用，完善农户土地利用亲环境行为的理论分析框架，对农户行为理论研究进行扩展与深化，并为后续研究提供新的思考与借鉴。

三、研究内容

本书总计八章内容，各章内容详细安排如下：

第一章为导论。该章的主要任务是概述中国土地污染的现实背景，结合农户农业土地利用的微观责任主体地位，发现迫切需要解决的现实及理论问题，进而将现实问题进行凝练，提出科学问题。而后分别阐述本书的主要研究目的、现实及理论意义和研究内容；通过国内外文献综述及评述，发现现有研究的不足，寻找本书的突破口；进而设计研究逻辑，即研究思路、方法、技术路线，并交代数据来源；最后提出本书的可能创新之处。

第二章为概念界定及理论框架构建。该章的主要目的是对本书所提出科学问题的核心概念进行界定，包括利益与利益关系、农户二元利益、农户二元利益非一致性、亲环境行为、农户土地利用亲环境行为；梳理研究中所用到的理论依据，具体包括农户行为理论、环境行为理论、计划行为理论、时间贴现理论以及外部性理论；最后，以理论基础为依托，详述不同类型二元利益非一致性对农户土地利用亲环境意愿与行为的作用机理，构建基于不同类型二元利益非一致性的农户土地利用亲环境行为理论分析框架，即长期经济利益与短期经济利益非一致性——农户土地利用亲环境意愿及行为、长期经济利益与社会利益非一致性——农户土地利用亲环境意愿及行为、短期经济利益与社会利益非一致性——农户土地利用亲环境意愿及行为、不同类型二元利益非一致性——农户土地利用亲环境意愿向亲环境行为的转化，形成对本书的架构支撑；从而为研究的顺利开展奠定基础。

第三章为二元利益非一致性的测度。该章的主要目的是对不同类型二元利益的非一致性进行测度，首先对本书所使用的的数据进行描述性统计分析，包括农户的个体特征、家庭特征、生产特征、认知特征等，其次对不同类型的二元利益非一致性进行测度，包括经济利益内部（长期经济利益与短期经济利益）非一致性的测度、经济利益与社会利益之间（长期经济利益与社会利益非一致性的测度、短期经济利益与社会利益）非一致性的测度，通过测量变量说明以及信度与效度检验，对不同类型二元利益的非一致性进行测度，保证其自身的稳健性和可信性，为不同类型二元利益非一致性对农户土地利用亲环境意愿及亲环境行为的影响研究提供支撑。

第四章为二元利益非一致性对农户土地利用亲环境意愿的影响。首先描述农户土地利用亲环境意愿的现状，其次对样本数据进行描述性统计及差异分析，并就三种不同类型二元利益非一致性（长期经济利益与短期经济利益非一致性、长期经济利益与社会利益非一致性、短期经济利益与社会利益非一致性）对农户三种不同类型土地利用亲环境意愿（有机肥施用意愿、绿色农药施用意愿、秸秆还田实施意愿）的影响进行评价，比较不同类型二元利益非一致性对农户不同类型土地利用亲环境意愿的影响差异，提出该部分研究假设；三种不同类型农户土地利用亲环境意愿得到的结果互为稳健型检验。

第五章为二元利益非一致性对农户土地利用亲环境行为的影响。首先描述农户土地利用亲环境行为现状，包括全样本农户土地利用亲环境行为现状、粮食种植户土地利用亲环境行为现状、蔬菜种植户土地利用亲环境行为现状，并对粮食种植户与蔬菜种植户的土地利用亲环境行为差异进行分析，然后就三种不同类型二元利益非一致性（长期经济利益与短期经济利益非一致性、长期经济利益与社会利益非一致性、短期经济利益与社会利益非一致性）对农户三种不同类型土地利用亲环境行为（有机肥施用行为、绿色农药施用行为、秸秆还田实施行为）的影响进行评价，比较不同类型二元利益非一致性对农户不同类型土地利用亲环境行为的影响差异，提出该部分研究假设；三种不同类型农户土地利用亲环境行为得到的结果互为稳健型检验。

第六章为农户土地利用亲环境意愿向行为的转化——二元利益非一致性的调节效应。本部分致力于对不同类型二元利益非一致性（长期经济利益与短期经济利益非一致性、长期经济利益与社会利益非一致性、短期经济利益与社会利益非一致性）在农户土地利用亲环境意愿向亲环境行为转化过程中的调节效应和作用进行分析，最终得出不同类型二元利益非一致性在农户不同类型土地利用亲环境意愿向亲环境行为转化过程中产生的影响大小。

第七章为农户土地利用亲环境意愿向行为转化的实现途径。该部分基于前文二元利益非一致性对农户土地利用亲环境意愿和亲环境行为的影响，以及二元利益非一致性在农户土地利用亲环境意愿向亲环境行为转化过程中的调节效应，开发并设计出促进农户土地利用亲环境意愿向亲环境行为转化的实现路径，进而为相关政策的制定提供有价值的理论参考和现实依据。

第八章为研究结论与展望。该部分根据前文中研究区域农户个体特征、家庭特征、生产特征、不同类型二元利益非一致性程度及其对农户不同类型土地利用亲环境意愿及亲环境行为的影响分析，提炼出本书的研究成果；最后提出未来研究中需要进一步提升和深化的方向。

第三节　国内外研究动态

一、国外研究动态

（一）关于利益非一致性的研究

1. 利益非一致性的矛盾与协调研究

利益非一致性，是指存在于不同利益主体之间，以及不同利益主体与共同利益主体之间的差异。虽然利益主体各有不同，但他们隶属于同一个整体利益系统之下，彼此之间相互关联、相互影响；不同利益主体往往会追求不同的目标，但彼此之间又存在相互制约的关系，因而这种不同利益主体之间的对立态势，促进了社会领域中各种利益非一致性不同表现形式的出现（Dagnino et al.，1989；Bookbinder et al.，1990；Fraser et al.，1980；Hipel et al.，1990；Fraser，1992）。利益非一致性程度的不断加深，会直接或间接地引发不同利益主体间的利益失衡与矛盾。利益非一致性是一种对立的状态，源于系统中利益主体在追求不同利益目标时所导致的利益间的对立性（Meister et al.，1994）。隶属于对立与矛盾的不同利益主体会通过相互影响与联系，基于自身的最终利益目标并结合自身所获得的信息与资源，辅之以配套的应对策略来影响和决定不同利益之间非一致性的发展方向，达到最终使自身受益的目的

(Kilgour et al.，1994)。利益非一致性的产生与发展，在一定程度上会影响和动摇整个系统的稳定性与发展水平。因而减弱和降低不同利益之间非一致性的最优办法，则是在所获信息和资源充足的情形下，不同的利益主体之间能够相互协调和平衡，通过对自身各部分利益的均衡和调整，使该利益主体内部能够达成高度共识，唯有这样，才能真正在总体上优化整个系统综合、稳定、协调地发展。

2. 利益非一致性的主体与客体关系研究

农业生产用地是国民经济得以发展的基础，在经济社会的不断发展变化过程中，农业用地价值的重要程度不断提高，相当一部分的农户都投入农业生产活动当中，随着利益主体的日趋多元化和不断扩大化，以及各个利益主体的利益目标与利益诉求的不同，导致利益关系的非一致性愈加突出，因此，农业生产及土地利用过程中的利益非一致性问题也逐渐成了国内外学者的研究热点。农业生产过程中农户的利益非一致性，是在其利益诉求和偏好的驱动下，各类需求对于稀缺土地资源的竞争，其实质是以土地利用形式所表现出来的利益非一致性与矛盾（Tesfaye，2017)。土地资源的稀缺性及土地利用的多样性是造成土地竞争的自然根源，而人类不断增长的多样化需求，则是导致土地竞争的社会根源（Brahmanand et al.，2021)。不同利益相关者基于各自的利益目标与利益诉求，竞相争夺数量有限的土地资源，从而导致土地利用过程中农户利益非一致性的产生（Fatemi et al.，2021)。国外对农业生产以及土地利用过程中所产生的利益非一致性进行的探索与研究，为本书提供了较新的研究视角与分析思路。

（二）关于农户土地利用亲环境行为的研究

1. 亲环境行为定义研究

所谓亲环境行为，是指经济主体为了降低自身行为对周边环境所带来的负向影响，基于此而做出的一些提高环境水平、改善环境质量的具体行为表现与形式（Gu et al.，2020)，亲环境行为作为最具有代表性的亲社会行为表现形式，它可以直接提高和改善经济主体自身、所在团体以及整体组织的福祉(Ramus et al.，2007)。简而言之，亲环境行为是经济主体有意地将自身活动对所在环境带来的消极影响减少到最低值的一种正向行为，例如避免随意丢弃垃圾、避免对食物的浪费、减少生活中不必要的消费、倾向于购买贴附绿色产品或有机产品标签的商品等环境友好型行为（Wang et al.，2020)。

2. 基于行为经济学的亲环境行为影响因素研究

土地污染这一现实问题的产生，说到底与人类的生产活动和行为息息相关

（Qu et al.，2019），自然资源的枯竭和生态环境的退化，无不与传统的农业生产方式息息相关（Ali et al.，2021）。农户的亲环境生产方式，旨在缓解土壤侵蚀、农业生态系统生物多样性丧失等农业生态环境问题（Miheretu et al.，2018），这就要求农户对传统的农业生产方式作出调整和转变（Movilla-Pateiro et al.，2021）。但对农户来讲，生产方式的调整和转变会产生极大的风险性和不确定性，那么究竟是什么原因诱发了农户的亲环境行为呢？个体特征是影响农户土地利用亲环境行为的重要因素，包括保护动机、环境态度、道德约束（Okumah et al.，2020）、环境知识、环境意识、价值体系及社会群体的影响等（Wan et al.，2017；Esfandiar et al.，2020）。农户的土地利用亲环境行为源于对环境问题的感知，以及对购买环境友好型消费产品的回应（Bagheri et al.，2021）；农户生活在社会环境当中，其决策过程会极大地受到社会关系嵌入的影响（Okumah et al.，2020）；以追求经济利益为导向和目标的农户并非一定是环境污染者，以追求环境利益为导向和目标的农户也并非对物质利益完全没有兴趣，农户的经济利益与亲环境态度并非相互排斥和对立，它们亦可同时存在，并协同作用于农户的土地污染治理行为和决策（Karali et al.，2014）。已有研究表明绿色价值感知会显著提高经济主体对于绿色产品的购买和消费（Marde et al.，2018），消费者更愿意购买绿色有机食品，因为他们认为这类食品更加健康、更有营养。Rezaei-Moghaddam 等（2020）认为，可持续农业生产方式的可操作性、可持续农业生产的相关知识、执行农业可持续生产的社会规范与道德、对环境破坏后果的认知、土地面积和教育水平直接影响了农民的可持续农业生产行为。此外，社会规范和环境情感对农民的可持续农业生产行为也有重要影响。Ranacher 等（2021）通过实证研究发现，农民对社会规范的态度和意识是在自然、经济和制度等因素的共同作用下形成的，这些因素对农民的行为倾向产生重要影响。除此之外，这些需求往往会以一种具体的实际行动展现出来，通常取决于他们的农业基本投入、实际可得收入和所需技术知识等。Tölkes 和 Butzmann（2018）通过对慕尼黑街头民众的实地调研发现，乐于学习环保知识的活动参与者，在整个活动过程中，比其他活动参与者表现出更高的环保积极性；与此同时，他发现在参与绿化活动的过程中，具备高感知功能价值的活动参与者更容易实施亲环境行为。除此之外，绿色活动参与意愿也会显著提高消费者的亲环境行为实施水平（Laroche et al.，2001；Hu et al.，2010）。倾向于实施环保行为的群众也有更高的积极性去参加环保组织，并赞同环保组织的活动宗旨（Pronello et al.，2018；Kim et al.，2020）。例如，Laroche 等（2001）发现关注环境问题的消费者在更大程度上愿意购买绿色产品，并在发生购买行为时愿意在绿色产品上花更高的价钱。Dodds 等（2016）也在研究中发现，相比较于其他节日，支持环保活动的参与者更加愿意在倡导和宣传环境保护信息的节日购买服装。除此之外，Mair 等（2013）还通过对澳大利亚绿色音乐节的调查研究，发现绿色音乐节更容易吸引那些需要可持续设施和设备的人，因为他们希望在参加音乐节时也能够有机会参与到环保实践当中。

3. 基于社会心理学的亲环境行为影响因素研究

从本质上来说，从亲环境行为中感受到的好处，以及通过参加绿色活动所产生的心理倾向，为其参与环保行为提供了正面的、积极的引导（Wong et al.，2020）。如果活动参与者对于参与绿色活动持有积极的态度和看法，认为参加类似这样的活动在他们的同伴群体中可以被看作是良好的行为，并且在整个参加过程中极少遇到困难，他们则更有可能感知到更高的价值。人们通过研究发现，参与环保行为会显著提高个人幸福感，并且这种关系受个人身份（即他们对美好生活的总体感知和绿色自我形象）的影响（Binder et al.，2020）。该项研究通过对 640 名西班牙在校大学生的调查反馈，并密切关注他们对生活满意度的感知情况，发现实施绿色行为与生活满意度呈负相关关系，而绿色自我形象则与生活满意度呈正相关关系。除此之外，由亲环境行为导致的幸福感降低也可能会随着可支配收入的增加而减少。

研究表明，环境友好行为与较高的主观幸福感息息相关（Welsch et al.，2010；Xiao et al.，2011；Kasser，2017），为了解释亲环境行为为什么是一种有益的行为，有学者提出对价值取向和亲社会动机的研究（Kasser，2006；Hurst et al.，2013），这就将该研究指向一个更为全面和广泛的领域：个人身份（广义上称之为个人对于美好生活的向往，狭义上称之为绿色自我形象）在亲环境行为与主观幸福感二者之间的影响程度。个人身份在鼓励实施亲环境行为过程中起到重要作用（Whitmarsh et al.，2010），与其说绿色行为本身，倒不如说绿色自我形象更加有利于提高自身的福利（Binder et al.，2017；Welsch et al.，2018）。亲环境行为最重要的影响因素之一，是基于环境行为的道德责任感。道德义务感或个人规范是显著影响亲环境行为的重要变量，道德义务感会受到个人对于环境变化的价值感知的影响（Stern，2000）。另有一些学者主张将环境责任感作为亲环境行为的预测因子（Kantola et al.，1983；Hines et al.，1987；Granzin et al.，1991；Fridgen，1994；Kaiser et al.，1999）。Poškus（2018）发现，对可持续行为的个人规范和感知行为控制在很大程度上影响了立陶宛在校大学生的环境保护行为。Janmaimool 等（2020）调查了学生的公众意识、全球公民意识与道德品质对其环境行为的道德责任感的影响，进而促进和引导学生参与到亲环境活动当中去。全球公民身份也可以加强学生对人类与环境间的相互依存关系以及保护现有环境对于生态系统协调的重要作用的关注。学生会形成他们自己的关于生物圈的理解和观点，这对于他们创建道德义务和决定是否参加亲环境活动十分重要。除此之外，亲环境行为通常被认为是一种道德行为（Thøgersen，1996），是基于个人水平的道德考量。

农户土地利用亲环境行为的实现，其出发点绝不是出于功利主义的，而是出于一个基本的、同样被探索的情感基础（Cottrell，2003；Rhodes et al.，2015）。情感态度和认知可能会协同促进亲环境行为的实现（Kazeminia et al.，2016）。当经济主体预期实施亲环境行为能为其自身带来一定收益时，往往该行为会更容易发生（Evans et al.，2013），虽然并不能完全排除经济因素带来的影响，但并非所有的亲环境行为均出自自利倾向（Lindenberg et al.，2007），出于其自身对于自然环境的关心和担忧同样是产生农户土地利用亲环境行为的重要因素（Karali et al.，2014），而当经济主体自身的利益与亲环境行为的实施发生矛盾时，自我控制则起到了关键性的作用（Chuang et al.，2016）。Kanchanapibul 等（2014）和 Meneses（2010）发现情感因素对于亲环境行为的解释力远远高于认知因素。有学者做了一项关于葡萄牙音乐嘉年华的调查研究发现，对于举办音乐节的发生地点更为依恋的参与者更有意愿参与活动现场的环境保护行为（Alonso-Vazquez et al.，2019）。而对体育赛事而言，竞赛运动员和参与者对于目的地的环境心理责任感知是影响其环保行为的另一个重要因素（Han，2015）。Czajkowsk 等（2015）认为道德、自私、压力和社会激励在解释民众选择亲环境行为的程度时所起到的作用是不同的。Dernat 等（2021）在一项关于太平洋西北岸的调查研究中发现，当地农户愿意在一定程度上降低农业产量而参与到土地保护活动中，并提出农户同时具有公共效益满足和个人效益满足这两种截然不同的追求，而在这两种不同追求的协同和中和下，最终做出有利于土地保护的行为决策。Nboyine 等（2021）的研究结果表明同情心对于农户采纳保护性耕作方式具有显著正向影响，越有同情心的农户往往越倾向于采纳保护性耕作方式。农户土地利用亲环境行为是一个错综复杂的行为决策过程，究竟是哪些因素促进了农户土地利用亲环境行为的产生，该问题尚待进一步深入研究（Hayer et al.，2021）。

二、国内研究动态

（一）关于利益非一致性的研究

农业生产活动及土地利用过程中的利益非一致性问题所涉及的利益相关者

复杂且数量众多，不仅源于众多利益相关者合理合法使用土地资源的行为，还源于不同利益相关者不合法使用土地资源的行为（王晓军，2021）。国内关于农业生产和土地利用过程中利益非一致性的研究主要包括以下几个方面：

（1）土地利用规划中的利益非一致性；

（2）土地征收中的利益非一致性；

（3）土地流转中的利益非一致性；

（4）土地整治中的利益非一致性。

国内现有的研究和分析主要着眼于从土地利用规划、土地征收、土地流转、土地整治等方面进行利益非一致性与矛盾的研究，为本书农户土地利用过程中的亲环境行为研究提供了丰富的理论依据与研究范式参考，具有十分重要的借鉴意义。

（二）关于耕地保护的研究

（1）耕地保护研究脉络；

（2）基于行为经济学与社会心理学视角的耕地保护研究。

（三）关于亲环境行为的研究

（1）亲环境行为定义研究；

（2）亲环境行为影响因素研究；

（3）亲环境行为主体研究。

虽然目前国内已有许多研究模型和分析理论在农户土地利用亲环境行为领域进行解释和探索，已在此研究领域做出了颇有价值和意义的努力，对本书中农户土地利用亲环境行为的研究具有重要的参考意义。但是，和国外一样，对农户土地利用亲环境行为理论分析框架的缺乏，导致目前国内对农户土地利用亲环境行为的解释力不足，存在一定程度的研究空缺和空间。

三、研究评述

从“土地污染恶化”的现实，到“农户是土地利用过程中破坏与保护的责任主体”地位的确立，再到“农户土地利用亲环境行为”研究的深入，国外和国内对土地污染治理有了进一步清醒的认识，即农户是农业土地利用与保护的直接利益相关群体，农业土地的利用方式与保护措施实施离不开农户的参与。但在文献综述过程中发现已有研究的几点不足，分述如下：

第一，缺乏基于二元利益非一致性视角的农户土地利用亲环境行为理论分析框架。农户是农业土地利用与保护的主体，这在国内和国外均得到了广泛认可，对农户土地利用与保护行为的研究已成为当前国内外研究的热点。鉴于农户农业生产行为的重要性，使得较多学者关注农户生产行为发生的影响因素。从社会统计学特征、家庭特征、社会经济特征，到农户农业生态环境认知、社会网络、外部激励等，国内外学者、政策制定者试图揭示农户生产与耕作行为的发生机制，已经取得了丰硕的研究成果。然而在研究当中，忽略了农户存在经济利益内部非一致性，以及经济利益与社会利益非一致性，若要实现农户土地利用亲环境行为的长效转变机制，则必须基于此构建农户土地利用亲环境行为理论分析框架。

农业生产行为的研究，在学术界中也出现了截然不同的观点，一部分学者认为农户的生产行为，会以追求经济利益为核心，该部分学者所持有的观点是基于传统的主流经济学分析框架，认为农户是“理性人”，其行为的目的在于追求效用最大化，农户在参与土地利用亲环境行为时，并不能感知到更高的幸福感，因为环保行为往往伴随着一些额外的成本，甚至会带来一定的经济损失；另一部分学者认为农户的农业生产行为并非完全由经济利益驱动，其自身拥有土地保护的动机，认为实施亲环境行为可以提高自身的生活满意度和幸福感知度，该部分学者的依据是行为经济学分析框架，认为农户并非是“自利”的。以上两种截然不同的观点，验证了上述理论分析框架无法全面、客观的解释现实经验证据，农户土地利用亲环境行为争议的实质，是目前缺乏合适的理论分析框架，阻碍了研究的进一步深入，这些不一致的发现为农户土地利用亲环境行为的研究提供了进一步的探索空间。

第二，农户二元利益非一致性的测度存在较大研究空间。追求利益既是人的一切社会活动的动因，又是推动社会发展的内在驱动力。现有利益非一致性的研究多采用“界定利益相关者——分析利益诉求——利益非一致性及其原因”的范式对农业生产行为进行研究，为本书的研究范式与逻辑思路提供参考与借鉴，但从本质上来说，缺乏从农户二元利益非一致性这一视角对其土地利用亲环境行为进行分析，对农户二元利益非一致性的测度尚属空白，而这又是分析其对农户土地利用亲环境行为影响的重要基石，其重要性与必要性可见一斑。

现有研究的空缺，为我们提供了新的机会，也提出了重要的压力与挑战，本书将设计并采取合理的变量，对农户经济利益内部（长期与短期经济利益）的非一致性、经济利益与社会利益（长期经济利益与社会利益、短期经济利益与社会利益）的非一致性进行测度，以此为基础研究其对农户土地利用亲环境行为的影响大小及影响程度，分三阶段进行不同类型二元利益非一致性的测度，并进行信度与效度检验，以保证其规范性与稳健性。

第三，鲜有对二元利益非一致性的调节效应研究。农户作为农业生产和农地利用行为的主体，在农业生产过程中，会根据不同的利益偏好追求自身的经济利益与社会利益，从而作出土地利用亲环境意愿和亲环境行为的选择，与此同时，不同类型二元利益非一致性（即长期经济利益与短期经济利益非一致性、长期经济利益与社会利益非一致性、短期经济利益与社会利益非一致性）的调节效应，也会直接或间接地影响农户是否真正实现从土地利用亲环境意愿向亲环境行为的转化，因此十分有必要对不同类型二元利益非一致性在农户土地利用亲环境意愿向亲环境行为转变过程中的调节效应进行探讨，以此来规范和指导农户的土地利用亲环境行为，同时，为今后的相关研究提供理论参考和借鉴，并为土地污染治理政策的制定与落实提供新的见解与思路，最终达到治理土地污染、提升土地质量的目标。

第四节　研究思路及技术路线图

一、研究思路

本书以农户土地利用亲环境行为为研究对象，以行为经济学和社会心理学等为基础理论依据，构建农户土地利用亲环境行为的理论分析框架，探讨不同类型二元利益非一致性对农户土地利用亲环境意愿及亲环境行为的影响、不同类型二元利益非一致性在农户土地利用亲环境意愿向亲环境行为转化过程中的调节效应，以及农户土地利用亲环境意愿向亲环境行为转化的实现途径，以期促进农户土地利用亲环境行为的真正实现。具体思路如下：

第一，以我国农业土地污染状况不断加剧的现实背景和农户在农业生产过程中的微观主体地位为基本出发点，提出现实问题——农户土地利用亲环境行为的转变与实施是当前土地污染状况改善的重要途径。

第二，通过对国内外相关研究的综述，寻找目前研究中的薄弱环节与忽视的重要问题，形成突破口，进而通过总结，凝练出要解决的科学问题——基于二元利益非一致性的农户土地利用亲环境行为研究。

第三，以本书所提出的科学问题为核心，以行为经济学和社会心理学为理论依据，构建农户土地利用亲环境行为中经济利益内部其长期经济利益与短期经济利益非一致性、长期经济利益与社会利益非一致性、短期经济利益与社会利益非一致性的理论分析框架，成为本书的架构支撑。

第四，通过文献查阅与整合，首先对农户二元利益非一致性进行界定，其次筛选并设计出合理变量对不同类型二元利益非一致性进行测度，进而采取信度与效度检验，提高其稳健性与规范性，为二元利益非一致性对农户土地利用亲环境意愿与亲环境行为的影响研究奠定基础。

第五，以所构建的理论分析框架为指导，实证检验经济利益内部（长期经济利益与短期经济利益）非一致性、经济利益与社会利益（长期经济利益与社会利益、短期经济利益与社会利益）非一致性对农户土地利用亲环境意愿及行为的影响，并比较其影响程度的大小及强弱。

第六，通过进一步分析二元利益非一致性（长期经济利益与短期经济利益非一致性、长期经济利益与社会利益非一致性、短期经济利益与社会利益非一致性）的调节效应，为农户实现土地利用亲环境意愿向亲环境行为的转变途径做更深层次的研究，以期为我国土地污染的治理提供新的实证依据。

第七，基于前文二元利益非一致性对农户土地利用亲环境意愿和亲环境行为的影响，以及二元利益非一致性在农户土地利用亲环境意愿向亲环境行为转化过程中的调节效应，设计出促进农户土地利用亲环境意愿向亲环境行为转化的实现路径，进而为相关政策的制定提供有价值的理论参考和现实依据，同时也为以规范农户行为为出发点的土地污染治理提供具有可操作性的政策建议。

二、技术路线图

技术路线如图 1－1 所示。

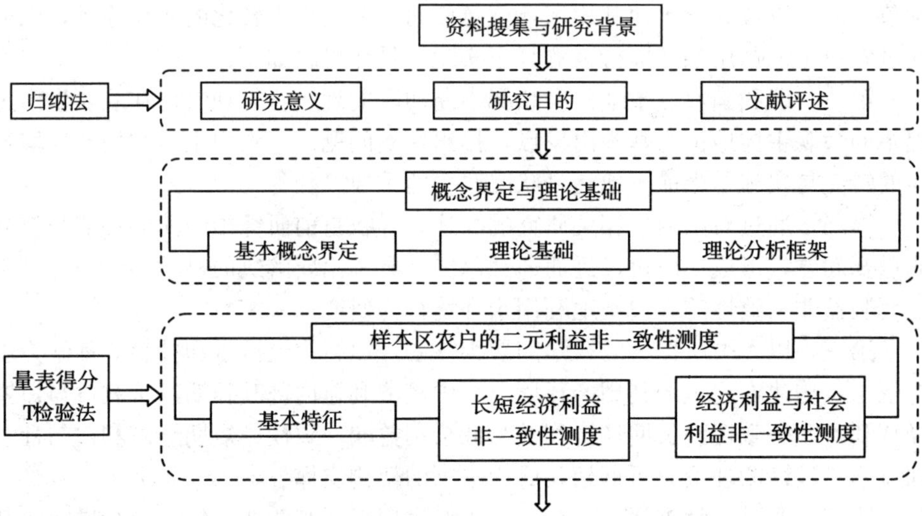

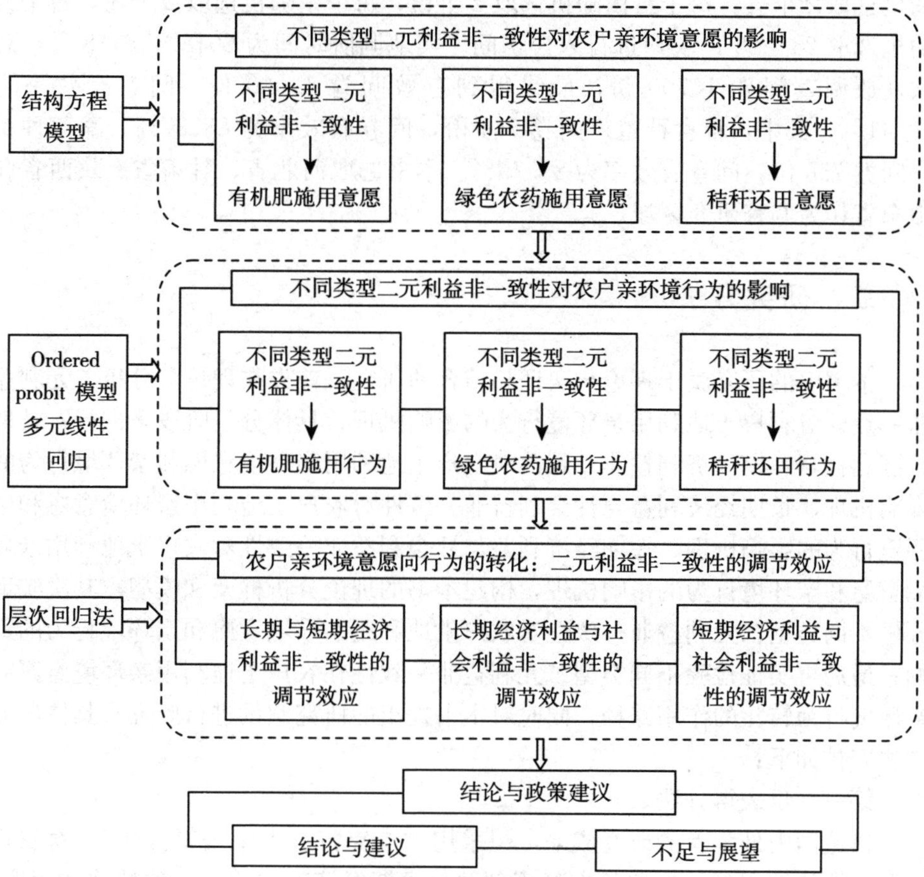

图 1-1　技术路线图

第五节　数据来源和研究方法

一、数据来源

本书采取实地调研方式，通过发放和回收调查问卷来获取样本数据，为了保证问卷的可行性与合理性，先就原始调查问卷在陕西杨凌周边地区进行简单预调研，再根据预调研的数据情况对测量量表中的相关问题与表述进行调整和修改，以最大程度的确保农户能够客观、正确地理解调查问卷中的问题与内容。在实际调查过程中，根据每个省内的粮食和蔬菜种植分布情况，分别在每个省内随机选取以种植粮食为主和以种植蔬菜为主的城市各 2 个，在每个市内随机选取 2 个县，每个县内随机选取 2 个镇，每个镇随机选取 2 个村，每个村随机选取 26～28 户农户进行入户访问。实地调研时间为 2018 年 5—8 月，总共发放调查问卷 1 700 份，最终得到有效问卷 1 520 份，问卷有效率为 89.41%，其中，粮食种植户问卷 764 份，问卷有效率为 88.37%，蔬菜种植户问卷 756 份，问卷有效率为 89.79%。本书选取河北省、甘肃省、陕西省和山东省作为调查研究区域。

二、研究方法

本书中的研究属于理论与实证相结合的研究，首先在理论上分析二元利益非一致性对农户土地利用亲环境行为的影响机理，具体分三阶段来进行：长期经济利益与短期经济利益非一致性对农户土地利用亲环境意愿和亲环境行为的影响机理、长期经济利益与社会利益非一致性对农户土地利用亲环境意愿和亲环境行为的影响机理、短期经济利益与社会利益非一致性对农户土地利用亲环境意愿和亲环境行为的影响机理，构建本书的理论分析框架和模型；其次实证分析不同类型二元利益非一致性对农户土地利用亲环境意愿和亲环境行为的影响；最后再实证检验不同类型二元利益非一致性在农户土地利用亲环境意愿向亲环境行为转化的作用路径，同时对本书提出的研究假设进行验证。具体研究方法安排如下：

第一，量表得分法。

借鉴国内外学者的研究成果，拟采用“李克特五点量表得分法”，对农户农业环境认知程度、农户长期经济利益与短期经济利益的非一致性感知程度、农户长期经济利益与社会利益的非一致性感知程度、农户短期经济利益与社会利益的非一致性感知程度、农户土地利用亲环境意愿、农户土地利用亲环境行为，以及其他相关变量进行测度时，量表由低到高分别从“非常不同意”到“非常同意”，赋值得分为 1～5 分，借鉴相关研究当中的划分区间模式来进行评价。

第二，T 检验法。

在对样本数据进行描述性统计分析时，采用 T 检验法对不同类型土地利用亲环境下，两种不同类型农户分别在长期经济利益与短期经济利益的非一致性感知水平、长期经济利益与社会利益的非一致性感知水平、短期经济利益与社会利益的非一致性感知水平、土地利用亲环境意愿现状和土地利用亲环境行为现状上的差异进行分析与比较。

第三，结构方程模型。

本书拟采用结构方程模型验证不同类型二元利益非一致性对农户土地利用

亲环境意愿的影响程度。

第四，有序 Probit 模型。

本书除了多元线性回归模型之外，同时采用有序 Probit 模型对不同类型二元利益非一致性对农户土地利用亲环境行为的影响进行验证，其与多元线性回归模型的估计结果互为稳健性检验。

第五，多元线性回归模型。

在分析农户不同类型土地利用亲环境行为下（有机肥施用行为、绿色农药施用行为、秸秆还田行为），对于不同类型的农户（粮食种植户和蔬菜种植户），其不同类型二元利益非一致性（长期经济利益与短期经济利益非一致性、长期经济利益与社会利益非一致性、短期经济利益与社会利益非一致性）对于土地利用亲环境行为的影响时，采用多元线性回归模型进行验证。

第六，层次回归法。

本书在分析不同类型二元利益非一致性在农户土地利用亲环境意愿向亲环境行为转化过程中的调节效应时，采用层次回归方法进行验证。

第六节 可能的创新之处

根据现有的研究思路和技术框架，本书可能的创新之处如下：

(1) 从理论分析框架上，构建基于二元利益非一致性的农户土地利用亲环境行为理论分析框架。通过构建农户土地利用亲环境行为理论分析框架，开拓农户农业生产行为研究的新思路，实现农户行为理论研究的横向拓宽与纵向推进。本书从二元利益非一致性视角出发，将农户土地利用亲环境行为作为研究主体，通过对经典的计划行为理论模型进行扩展，在此基础上构建包含不同类型二元利益非一致性、农户土地利用亲环境意愿、农户土地利用亲环境行为等变量以及不同类型二元利益非一致性调节效应的农户土地利用亲环境行为理论分析框架，揭示了不同类型二元利益非一致性影响农户土地利用亲环境行为的作用机理，以期实现农户行为理论研究领域的进一步扩展，为今后的相关研究提供理论参考和实际借鉴，同时为土地污染治理政策的制定提供新的见解和思路。

(2) 在研究内容上，综合考量二元利益非一致性对农户土地利用亲环境意愿与亲环境行为的影响，具有一定的创新性。本书探索性地将经济利益与社会利益作为两个相互影响、相互竞争的研究视角，从更广泛的视角下探讨农户土地利用亲环境行为，采用结构方程模型来验证不同类型二元利益非一致性对农户土地利用亲环境意愿的影响，同时采用有序 Probit 模型和多元线性回归模型来验证不同类型二元利益非一致性对农户土地利用亲环境行为的影响。结果表明，对于长期经济利益与短期经济利益非一致性来说，除了蔬菜种植户的秸秆还田实施意愿和实施行为模型外，长期经济利益与短期经济利益非一致性对农户的不同类型土地利用亲环境意愿和亲环境行为均具有直接抑制作用，包括粮食种植户的有机肥实施意愿和行为、绿色农药实施意愿和行为、秸秆还田实施意愿和行为，以及蔬菜种植户的有机肥实施意愿和行为、绿色农药实施意愿和行为；对于长期经济利益与社会利益非一致性来说，除了蔬菜种植户的秸秆还田实施意愿和实施行为模型外，长期经济利益与社会利益非一致性对农户的不同类型土地利用亲环境意愿和亲环境行为均具有直接抑制作用，包括粮食种植户的有机肥实施意愿和行为、绿色农药实施意愿和行为、秸秆还田实施意愿和行为，以及蔬菜种植户的有机肥实施意愿和行为、绿色农药实施意愿和行为；对于短期经济利益与社会利益非一致性来说，短期经济利益与社会利益非一致性对粮食种植户和蔬菜种植户的不同类型土地利用亲环境意愿和亲环境行为均具有直接抑制作用，包括粮食种植户的有机肥实施意愿和行为、绿色农药实施意愿和行为、秸秆还田实施意愿和行为，以及蔬菜种植户的有机肥实施意愿和行为、绿色农药实施意愿和行为、秸秆还田实施意愿和行为。

（3）在研究深度上，进一步探讨了不同类型二元利益非一致性在农户土地利用亲环境意愿向土地利用亲环境行为转化过程中的调节效应，具有一定的探索性。本书通过对不同类型二元利益非一致性调节效应的分析，解决本书中的关键性问题——农户土地利用亲环境意愿向土地利用亲环境行为的转变，保证其内在关联的规范性与严谨性，并对现有研究进行完善和扩充。本书采用层次回归方法对不同类型二元利益非一致性在农户土地利用亲环境意愿向土地利用亲环境行为转化过程中的调节效应进行了验证，结果表明，对于长期经济利益与短期经济利益非一致性来说，除了蔬菜种植户的秸秆还田实施行为模型外，长期经济利益与短期经济利益非一致性对农户的土地利用亲环境意愿向土地利用亲环境行为的转化均具有直接抑制作用，包括粮食种植户的有机肥施用意愿向行为的转化、绿色农药施用意愿向行为的转化、秸秆还田实施意愿向行为的转化，以及蔬菜种植户的有机肥施用意愿向行为的转化、绿色农药施用意愿向行为的转化；对于长期经济利益与社会利益非一致性来说，除了蔬菜种植户的秸秆还田行为模型外，长期经济利益与社会利益非一致性对农户的土地利用亲环境意愿向土地利用亲环境行为的转化均具有直接抑制作用，包括粮食种植户的有机肥施用意愿向行为的转化、绿色农药施用意愿向行为的转化、秸秆还田实施意愿向行为的转化，以及蔬菜种植户的有机肥施用意愿向行为的转化、绿色农药施用意愿向行为的转化；对于短期经济利益与社会利益非一致性来说，短期经济利益与社会利益非一致性对农户的土地利用亲环境意愿向土地利用亲环境行为的转化均具有直接抑制作用，包括粮食种植户的有机肥施用意愿向行为的转化、绿色农药施用意愿向行为的转化、秸秆还田实施意愿向行为的转化，以及蔬菜种植户的有机肥施用意愿向行为的转化、绿色农药施用意愿向行为的转化、秸秆还田实施意愿向行为的转化。

第二章 概念界定与理论框架构建

第一节 相关概念界定

一、利益与利益格局

利益：是指某些利益相关者的社会需求，及其在追求该社会需求的过程中所形成的各种错综复杂的社会关系。本书首先从二元利益非一致性视角探讨农户土地利用亲环境行为问题，对不同类型二元利益非一致性进行测度的基础上，验证不同类型二元利益非一致性对农户土地利用亲环境行为的影响，其次探讨不同类型二元利益非一致性在农户土地利用亲环境意愿向土地利用亲环境行为转化过程中所产生的作用。测度农户的不同类型二元利益非一致性。筛选并设计出不同类型二元利益非一致性的测度量表，包括经济利益内部（长期经济利益与短期经济利益）非一致性测量量表，经济利益与社会利益（长期经济利益与社会利益、短期经济利益与社会利益）非一致性测量量表，为不同类型二元利益非一致性对农户土地利用亲环境意愿与土地利用亲环境行为的影响研究奠定基石。分析经济利益内部（长期经济利益与短期经济利益）非一致性、经济利益与社会利益（长期经济利益与社会利益、短期经济利益与社会利益）非一致性对农户意愿及行为的影响大小和差异，进而探讨上述不同类型二元利益非一致性。厘清不同类型二元利益非一致性在农户土地利用亲环境意愿向土地利用亲环境行为转化的内在机理，探寻不同类型二元利益非一致性在农户土地利用亲环境意愿向土地利用亲环境行为转化过程中的调节作用。深入分析不同类型二元利益非一致性在农户土地利用亲环境意愿向土地利用亲环境行为转化过程中的作用。探索农户土地利用亲环境意愿向土地利用亲环境行为转化的实现途径。基于前文二元利益非一致性对农户土地利用亲环境意愿和土地利用亲环境行为的影响，以及二元利益非一致性在农户土地利用亲环境意愿向土地利用亲环境行为转化过程中的调节效应，探索性地设计出促进农户土地利用亲环境意愿向土地利用亲环境行为转化的实现路径。

二、农户二元利益

现有研究普遍认为，驱使农户实施土地利用亲环境行为的核心因素是预期经济收益，农户在追求经济利益时，是否会存在经济利益内部（长期经济利益和短期经济利益）的非一致性呢。从实践角度来说，实施土地利用亲环境行为，可能会在短期内增加农业生产成本，但从长远角度来看，合理的土地利用行为可以提高农业产量，同时降低农业生产要素的投入。由此看出，农户对经济利益内部诉求（长期经济利益和短期经济利益）的非一致性，会影响他们是否实施土地利用亲环境行为。那么，长期经济利益和短期经济利益的非一致性会对农户实施土地利用亲环境意愿和亲环境行为产生什么影响，长期经济利益与短期经济利益非一致性、农户土地利用亲环境意愿、农户土地利用亲环境行为，这三者之间更深层次的内在机理是什么。现有理论更多的是将经济利益作为一个整体进行研究，忽视不同类型经济利益对农户生产行为所产生的影响差异，无法提升农户对长期经济利益的关注，充分发挥其对农户实施土地利用亲环境行为的促进作用。本书从二元利益非一致性视角探讨农户土地利用亲环境行为问题，对不同类型二元利益非一致性进行测度的基础上，验证不同类型二元利益非一致性对农户土地利用亲环境行为的影响，其次探讨不同类型二元利益非一致性在农户土地利用亲环境意愿向土地利用亲环境行为转化过程中所产生的作用。测度农户的不同类型二元利益非一致性。筛选并设计出不同类型二元利益非一致性的测度量表，包括经济利益内部（长期经济利益与短期经济利益）非一致性测量量表，经济利益与社会利益（长期经济利益与社会利益、短期经济利益与社会利益）非一致性测量量表，为不同类型二元利益非一致性对农户土地利用亲环境意愿与土地利用亲环境行为的影响研究奠定基石。分析经济利益内部（长期经济利益与短期经济利益）非一致性、经济利益与社会利益（长期经济利益与社会利益、短期经济利益与社会利益）非一致性对农户意愿及行为的影响大小和差异，进而探讨上述不同类型二元利益非一致性。厘清不同类型二元利益非一致性在农户土地利用亲环境意愿向土地利用亲环境行为转化的内在机理，探寻不同类型二元利益非一致性在农户土地利用亲环境意愿向土地利用亲环境行为转化过程中的调节作用。深入分析不同类型二元利益非一致性在农户土地利用亲环境意愿向土地利用亲环境行为转化过程中的作用。探索农户土地利用亲环境意愿向土地利用亲环境行为转化的实现途径。基于前文二元利益非一致性对农户土地利用亲环境意愿和土地利用亲环境行为的影响，以及二元利益非一致性在农户土地利用亲环境意愿向土地利用亲环境行为转化过程中的调节效应，探索性地设计出促进农户土地利用亲环境意愿向土地利用亲环境行为转化的实现路径。

本书则重于从利益的时间维度和内容维度来进行分析，具体而言，是指农户的经济利益，包括长期经济利益与短期经济利益；以及农户的社会利益，此处的社会利益涵盖了广度意义上的生态利益等内容。

三、农户二元利益非一致性

利益问题是本书研究的基本出发点。无论人们的奋斗目标是什么，其落脚点都是为了追求他们自己的最大利益（孙伟平，2010）。利益已成为人类一切活动目标的核心。几乎所有的人类活动都围绕和伴随着利益的产生、发展和扩展（张康之，2020）。于是，人们因利益形成了各种利益集团，由此衍生出多层次的利益关系，进而形成贯穿于全社会的稳定利益格局。马克思指出，利益是各个经济主体形成的多样化社会关系，利益也是各种社会政治关系的基础、源泉和主要推动力（王伟光，1990）。任何社会中的经济关系，都主要是以利益的形式展现出来的。通过大量存在于历史与现实中不同形式的社会利益冲突可以发现，能够改善资源配置的新制度安排并不一定会增加各方的收入，这意味着利益的不相容或利益的非一致性是前提化的常态（彭大振，1980）。同时，利益也是有争议性和内在矛盾性的（刘舒杨，2020），从根本上来说，利益是人的主观性需求，这种主观需求能否得以实现和满足，不仅受当下生产力发展水平的限制，同时也与其他利益相关者利益的实现程度有关。任何利益主体只能通过与其他利益主体形成这种或那种联系才能得以存在，因而利益隶属于社会关系领域，利益的存在方式实际上就是一种利益关系（Rongchen，2020）。

本书中的农户二元利益非一致性是指：农户经济利益内部（长期经济利益与短期经济利益）的非一致性、经济利益与社会利益（长期经济利益与社会利益、短期经济利益与社会利益）的非一致性。农户在生产行为过程中，较多关注的是追求经济利益，而即使是经济利益内部，也会存在长期经济利益与短期经济利益之间的非一致性；同时，在追求经济利益时，部分农户也会追求一定的社会利益，在农户土地利用过程中，产生经济利益与社会利益的非一致性。基于此，研究经济利益内部（长期经济利益与短期经济利益）非一致性、经济利益与社会利益（长期经济利益与社会利益、短期经济利益与社会利益）非一致性对农户土地利用亲环境行为的影响机理。本书从二元利益非一致性视角探讨农户土地利用亲环境行为问题，在对不同类型二元利益非一致性进行测度的基础上，验证不同类型二元利益非一致性对农户土地利用亲环境行为的影响，其次探讨不同类型二元利益非一致性在农户土地利用亲环境意愿向土地利用亲环境行为转化过程中所产生的作用。测度农户的不同类型二元利益非一致性。筛选并设计出不同类型二元利益非一致性的测度量表，包括经济利益内部（长期经济利益与短期经济利益）非一致性测量量表，经济利益与社会利益（长期经济利益与社会利益、短期经济利益与社会利益）非一致性测量量表，为不同类型二元利益非一致性对农户土地利用亲环境意愿与土地利用亲环境行为的影响研究奠定基石。分析经济利益内部（长期经济利益与短期经济利益）非一致性、经济利益与社会利益（长期经济利益与社会利益、短期经济利益与社会利益）非一致性对农户意愿及行为的影响大小和差异，进而探讨上述不同类型二元利益非一致性。厘清不同类型二元利益非一致性在农户土地利用亲环境意愿向土地利用亲环境行为转化的内在机理，探寻不同类型二元利益非一致性在农户土地利用亲环境意愿向土地利用亲环境行为转化过程中的调节作用。深入分析不同类型二元利益非一致性在农户土地利用亲环境意愿向土地利用亲环境行为转化过程中的作用。

四、亲环境行为

亲环境行为，从表现形式来看，是从属于亲社会行为的另外一种特殊表现形式（李博文，2020），是人们最大限度地减少自身行为对生态环境的负面影响、为经济和环境的可持续发展做出贡献的一种方式。刘铮等（2018）将亲环境行为定义为人类为保护环境或防止其退化而表达或塑造的活动。由于亲环境行为是一种审慎的人类行为，其目的旨在减少民众生活和生产行为对自然环境的负面影响，从而提升和改善生态环境质量（盛光华等，2020），符合本书中土地污染治理的根本目的，其内涵、理论分析逻辑与土地利用优化具有高度的一致性与契合性，因此本书将农户土地利用行为最终落脚至农户土地利用亲环境行为。

五、农户土地利用亲环境行为

在中国农业产量提升和土地污染恶化并行的背景下，如何切实有效改善土地污染，已成为政府和学术界关注的重点。预期和现实的巨大差距，要求我们必须对土地利用的相关研究有更加清醒的认识，必须意识到只有当法律、政策法规与农户的土地利用行为一致时，才能发挥法律法规与政策条例应有的效力。农户是土地污染治理的直接执行者和受益者，而在实施土地利用亲环境行为时会受到长期经济利益、短期经济利益和社会利益的综合影响。研究是什么因素影响了农户实施土地利用亲环境行为，如何有效促使农户实施土地利用亲环境行为，成为本书的重中之重。只有意识到农户的利益非一致性，才能据此采取有效措施，来充分调动农户实施土地利用亲环境行为的积极性，从根本上实现农户土地利用行为的转变。因此，需要研究农户实施土地利用亲环境行为时面临的利益非一致性。

本书所关注的农户土地利用亲环境行为是多个行为的组合，首先是因为土地污染的主要来源包括两个方面，一个是来自农业生产的直接污染，农户为了作物增产而加大化肥施用量，为了快速治理病虫害而加大农药施用量，为了生产反季节经济作物而大量使用地膜等，从而使得农药、化肥、塑料薄膜的残留进入土壤，大大破坏了土壤的自我净化能力，导致了土地污染的加剧。另一个则是来自工业污染的间接转移，一些地方政府为了追求经济的高速发展而不断加快引进投资的速度，这就使得很多重型污染企业被搬迁到农村，而其排放的废气、废渣、废水，则最终会进入土壤，导致严重的土地污染，进而导致农作物的重金属含量严重超标，最终危害人类身体健康。而农村地区产生严重土地质量退化的一大原因，则是在经济发展过程中，对于土地维护和修复的忽视，再加上与之相匹配的法律制度因种种原因而未能发挥其应有的作用，这就使得农村土地污染变得日益严峻却未能得到有效治理。

其次是源于研究的需要，本书旨在从二元利益非一致性视角探讨农户土地利用亲环境意愿与亲环境行为，这本身具有一定的创新性和探索性，若局限于某一特定行为，可能会导致分析结果有偏，为保证结果的稳健性，本书同时关注多个行为，以便于不同行为之间互为对比；此外，不同行为间相互对比也可互为稳健型检验。本书所分析的农户土地利用亲环境行为的定义不包括由于工业生产造成的农业土地污染，重点探讨由农业生产投入和土地利用方式而导致的农业土地污染。根据初期搜集的相关资料以及对农户的访谈，本书中农户的土地利用亲环境行为包括以下几种：

（1）有机肥施用行为：包括有机肥、生物肥、矿物肥等无公害肥料的施用行为。

（2）绿色农药施用行为：包括生物农药、微生物农药、植物源农药、动物源农药、无公害化农药等绿色新型肥料的施用行为。

（3）秸秆还田行为。

第二节　理论基础

本书从农户行为理论研究入手，探讨行为经济学的发展脉络，并据此进一步结合心理学和经济学中个体行为决策的内在逻辑关系，分析个体行为研究的经典分析框架（计划行为理论），并对其不足加以阐述，同时说明选择该理论模型进行拓展的原因，以达到指导农户土地利用亲环境行为研究的目的。

一、农户行为理论

（一）经典经济学

对理性农户的分析是从古典经济学中追求经济利益最大化的前提下进行的。根据这个分析框架，农户是非常同质和独立的经济主体，根本没有个人情感，他们行为的重要基础是对一切事物完全知情，并有不同的成本和收益组合，农户对比了不同投入产出的收益后，选出一个能够为其行为提供最大经济效益的最优帕累托计划。

（二）农户有限理性

农户的有限理性是在经典经济分析假设等基础上进行部分修正。在实际的分析过程中，农户关于生产成本和投入的决定常常会面临一些风险和不确定性。从推理逻辑来看，理性农户假设农户完全了解其需求和成本函数的某个随机变量的具体参数，而有限理性假设该特定变量的参数服从一定的分布，但农户没有完全理解这个特定的参数，由此产生了一系列风险与不确定性。从另一个角度来说，农户对其生产成本和产品信息的了解并不是完整的。这种分析逻辑就更加的接近现实生活。

（三）行为经济学

行为经济学认识到心理学在经济主体活动和决策中的重要作用，甚至在某些假设上挑战了古典经济学。行为经济学并不是想要从根本上颠覆古典经济学，而是与个体行为的心理分析相结合，这会在一定程度上增强古典经济学的说服力和解释力，也为古典经济学奠定了更为坚实的心理学基础（Friedman，1953），试图从更加广阔的角度来检验个体的决策和行为。本书将以行为经济学的基本分析逻辑作为农户土地利用亲环境行为研究的逻辑主线，依据本书的侧重点，尝试构建农户土地利用亲环境行为理论分析框架。

二、环境行为理论

（一）环境行为理论的涵义与发展脉络

环境行为的分类比较见表 2-1。

表 2-1 环境行为的分类比较

提出者	分类	涵义
Hines 等（1985）	说服	通过言辞说服人们采取环境行为
	财务行动	利用经济手段保护环境的行为
	生态管理	为维护或改善现有生态系统所采取的实际行动
	法律行动	为加强环境立法和环境法律的执行所采取的法律行为
	政治行动	通过政治手段促使政府部门采取行动、解决环境问题
Stern（2000）	激进的环境行为	表现为激进的环境保护行为，如参与示威活动等
	公共领域的非激进行为	表现为积极的环保公民行动、支持或接受公共政策等
	私人领域的环境行为	包括重视使用与维护影响环境的用品、分类回收废物、绿色消费等
	其他具有环境意义的行为	其他对环境有影响的行为，如设计可以在制造过程中减少资源消耗和污染的产品等

（二）环境行为理论与亲环境行为

Hines 发现与“负责任的环境行为”息息相关的核心变量包括六部分：①环境知识，即经济主体是否了解环境问题及其产生根源；②行动策略知识，即个体是否知道如何将自身行为对环境的负面影响大幅度减少；③心理控制源，即个体对于自身行为活动能否造成生态破坏的感知程度；④态度，即亲环境行为实施态度强的人更容易采取亲环境行为；⑤口头承诺，即经济主体所表现出来对于某种行为实施的意愿性高低；⑥个人责任感，即个人责任感或责任意识水平越高的人，越愿意实施亲环境行为或活动。加上上述几类核心变量后，Ajzen 计划行为模型的适用性和解释性明显增强。负责任的环境行为模型见图 2-1。

（三）对环境行为理论的扩充

国内外相关文献中对环境行为的称谓有着细微的差别，但基本内涵是一致

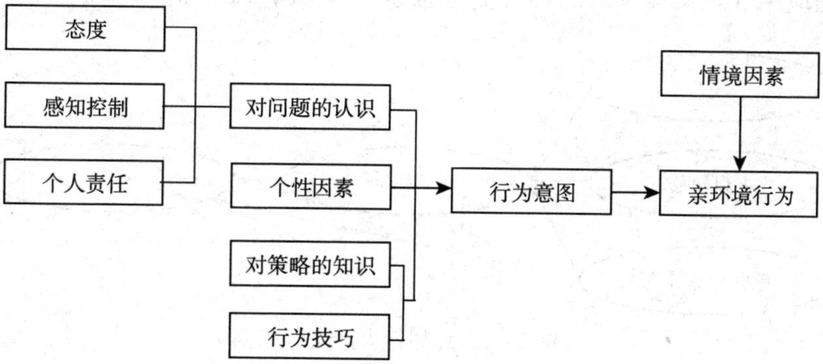

图 2-1　负责任的环境行为模型

的，旨在说明行为结果对环境状况的改善和环境质量的提高的正向作用。国外的研究以实证方法为基础，深入探讨了资源回收和能源消费等领域的环境行为影响因素，分析了环境态度的形成和改变、公民的环境教育以及环境政策的制定等方面，形成了较为丰富的研究成果。而国内研究起步较晚，近年来的主要成果包括：以学生为主要研究对象的环境教育研究和环境保护部等部门单位完成的“公众环境意识调查”、有关居民垃圾管理和绿色采购等特定环境行为的研究、通过考查学生和环保分子等特定公众群体的环境行为探讨环境素养和环境教育问题，而较少关注对农户环境行为的研究，本书将从农户这一环境行为主体出发，以期对环境行为理论做出进一步研究与完善。

三、计划行为理论

（一）计划行为理论模型

计划行为理论是目前最为典型的社会心理研究模型，被广泛应用于研究态度与意愿或行为的关系中（和占琼等，2019）。他假设个人决策过程遵循理性规则，首次在认知的意义上将“态度”进行概念化（Ajzen，1985），然后延伸到认知与情感（Ajzen et al.，1992）。个人决策往往并不完全受心理因素（如态度）与他人意见的对应程度（主观规范）等因素影响，还受到其他外部因素的影响，例如自身能力、机遇、资源获取等，从而形成计划行为理论（Ajzen，1991）。如图 2-2 中，感知行为控制不但对个体行为有直接影响，而且同时还会对其产生间接影响，感知行为控制对个体行为的间接影响是通过对行为意向的影响进而影响个体行为的，但这种直接影响却不一定绝对存在，因而在计划行为理论模型中，感知行为控制指向行为的线为虚线，该理论现已得到诸多研究者的应用（阮文佳等，2019；史恒通等，2019b；Basiru，2020）。

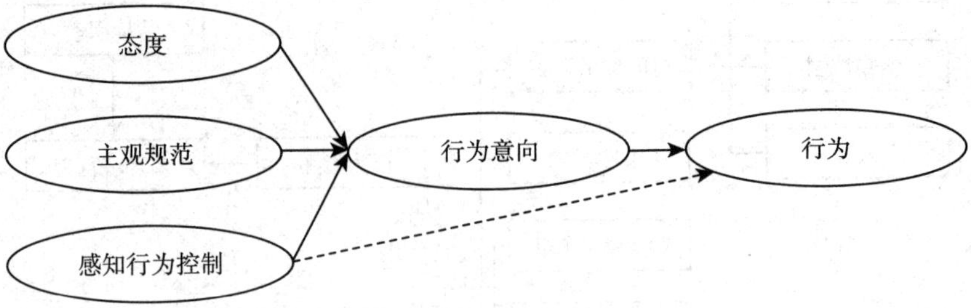

图 2-2　计划行为理论模型

（二）计划行为理论的扩展与延伸

计划行为理论的研究与拓展不断增多，在研究经济主体的决策与行为时，首先会考虑其人格特征，人只要生活在这个社会中，就离不开家庭这个基本单位，因而人口及家庭特征与社会经济等因素联系紧密（万欣等，2020）；经济主体的行为常常受不同地区的文化熏陶，由此可见地理位置也是分析其行为的重要考量因素（朱婷等，2020）；个体的决策和行为基于其认知水平，所以认知也是他们行为发生和实施的前提（Lu et al.，2021）。越来越多的研究者采纳计划行为理论作为扩展根源，来源于两大原因：首先，它是一种进化性理论，可以探索性的将不同影响因素纳入该理论的分析框架中；其次，随着研究行为经济学的人数增多，学者们对于个体行为的研究视角也慢慢走向多样化方向。不同研究领域的人往往会立足于自身研究方向对各种不同类型的行为进行剖析和分析，由此间接扩展了计划行为理论的研究范围和视角（谢灯明等，2020；石志恒等，2020）。

（三）对计划行为理论的扩充

理性行为理论是计划行为理论的研究基石，理性行为理论的研究假设是基于古典经济学的研究假设，所以计划行为理论对于预测经济主体的理性行为具有很好的解释能力。而在行为经济学的分析框架内，计划行为理论对于一些看似非理性行为的预测水平较差（Conner et al.，1998），因为计划行为理论过分强调经济主体行为的理性决策（Kals et al.，2002），这个问题在自然资源保护研究领域格外突出。但保护自然资源，绝不单纯是理性决策的问题（Kals et al.，1999）。近年来，随着行为经济学的发展，计划行为理论对于一些非理性行为的分析和预测存在明显不足，这一点也引起越来越多的关注和质疑，因而对计划行为理论进行扩展，已成为理论界关注的重点议题。在此背景下，本书将尝试拓展计划行为理论，将不同类型二元利益非一致性纳入农户的土地利用亲环境行为分析中，以此构建农户土地利用亲环境行为理论分析框架。

四、时间贴现理论

时间贴现是指经济主体对于某事本身价值的预计和估算，往往会伴随着时间的流逝而出现下降情况的一种心理反应（张俊丽，2018）。时间贴现、跨期选择和延迟折扣在概念与含义上相似且密切相关（张明志等，2019）。跨期选择是指个人对不同时期产生的成本和收益进行测算与评估，然后据此做出一些断定与决策（孙秋鹏，2020）。延迟折扣则是指由于时间滞后或控制当前行为的有效性降低，未来结果的现值低于当下实际值的一种心理反应和现象（韩丽娟，2019）。与跨期选择和延迟折扣一样，时间贴现也试图研究时间延迟的影响。

在农户决定是否采纳土地利用亲环境行为的决策过程中，往往也会考虑到与时间推迟和延伸有关的参数——贴现率，贴现率的高低水平可以直接反映农户对于当下或推迟获得效用的偏好。传统的效用贴现模型假设贴现率为不变的常数，农户对未来相邻两期所获效用的偏好并不会伴随着等待时间的流逝而产生任何变化。但实际调研结果显示，农户的决策与偏好常常会随着等待时间的推迟而产生变化，因而其行为选择也会展现出一种动态不一致性（Strotz，1955），换句话说，就是农户在时间偏好的选择方面具有非一致性，他们对长期贴现率的偏好小于对短期贴现率的偏好。对于时间偏好非一致的研究，最早是从个人或群体的消费决策领域开始的，早期的时间偏好非一致研究，主要是围绕对消费者行为偏差的分析，通过对决策者消费—储蓄关系构建时间偏好不一致模型，进而对其行为偏差进行分析与预测。随着对时间偏好非一致研究的深入，虽然有研究将时间偏好非一致应用到消费—资产配置问题中，但这些研究更多偏重于对时间偏好非一致本身进行经济学解释，而将时间偏好非一致应用到农户土地利用亲环境行为中的研究还不多，从时间偏好非一致的角度解释农户土地利用亲环境行为现象的研究还很贫乏，基于此，本书探索性地将时间偏好非一致性纳入农户土地利用亲环境行为研究当中，以期将此经济学理论研究进一步推广到现实的土地污染治理问题当中。

五、外部性理论

外部性理论，可以被视为经济学研究中最为核心的理论之一，也可被称之为溢出效应或外部效应。外部性可被分为两部分：正外部性和负外部性，或外部经济和外部不经济。外部性在现实经济与社会生活中产生重要作用，负外部性是导致严峻环境问题的源头，农户在以利益最大化为目的进行农业生产和农资投入活动时，会考虑如何能够在最大限度上增多自己的利益，但是，由于其生产过程对农业环境和土地肥力的影响，农业环境破坏实际上都是农业活动带来的外部性效应。除此之外，农业污染问题和土地质量下降会在一定程度上导致更深一步的负外部性，因而由农田污染导致的环境负外部性，已逐渐成为一个重大的研究热点，间接带来的耕地质量降低和由此产生的水污染，会对人类身体健康、粮食安全生产和生态系统协调造成严重威胁。

而农户的土地利用亲环境行为，则无疑会产生正外部性，与购买常规农产品相比，农户在实施亲环境行为或生产有机绿色农产品的过程中，可能需要付出比生产普通农产品更多的时间和更高的成本，导致有机绿色农产品的平均价格高于普通农产品的平均价格。因为农户在购买有机绿色农产品生产原料时，不得不付出比生产普通农产品更高的成本和代价，这虽然为保护环境与公共福利作出了额外贡献，但对于农户来说，却未获得相应的反馈和回报。有机农业生产由于使用有机肥或绿色农药，显然可以减少对大气、水、土壤的污染，可以减少碳排放。相应的有机农业提供的产品除了“私人收益”之外，还存在“社会收益”，有机农业存在边际社会收益大于私人边际收益的现象，这就是农户实施亲环境行为和生产有机绿色农产品的外部性，并且该外部性是一种正向的外部性。

第三节　农户土地利用亲环境行为的理论分析框架构建

一、长期与短期经济利益非一致性对农户土地利用亲环境意愿和行为的影响

农业的可持续与绿色生态发展，究其根源，是要将农业发展方式合理转变这个问题解决好，只有协调和优化好农户最为关注的利益问题，才能从根本上促进农业的低碳生产以及农业的清洁化生产（彭升等，2019）。伴随着中国城市与乡村一体化步伐的逐渐加快，农村地区的经济发展取得显著成绩，而与此同时，随之而来的却是严重的土地污染。土地污染的主要来源包括两个方面，一个是来自农业生产的直接污染，农户为了作物增产而加大化肥施用量，为了快速治理病虫害而加大农药施用量，为了生产反季节经济作物而大

量使用地膜等，从而使得农药、化肥、塑料薄膜的残留进入土壤，大大破坏了土壤的自我净化能力，导致土地污染的加剧。另一个则是来自工业污染的间接转移，一些地方政府为了追求经济的高速发展而不断加快引进投资的速度，这就使得很多重型污染企业被搬迁到农村，而其排放的废气、废渣、废水，则最终会进入土壤，导致严重的土地污染，进而导致农作物的重金属含量严重超标，最终危害人类身体健康。而农村地区产生严重土地质量退化的一大原因，则是在经济发展过程中，对于土地维护和修复的忽视，再加上与之相匹配的法律制度因种种原因而未能发挥其应有的作用，这就使得农村土地污染变得日益严峻却未能得到有效治理。国内已有大量学者研究关于地方政府或项目建设单位的土地利用问题，但是关于农户这一行为经济主体的土地利用亲环境行为研究还有所欠缺。只有充分发挥农户土地利用与保护主体的职能和积极性，才能切实改善中国日益严重的土地污染问题，保护珍贵的土地资源。因而农户大多倾向于追求眼下的短期经济效益，却轻视或淡化了对长远经济效益的追求，包括农户对环境知识的掌握水平较低、农村地区经济社会发展滞后、农户对环境的公共性质了解情况较弱（冯娟娟，2019）。农村地区的生态环境质量在世代相传的过程中逐渐降低，究其根本，是由于农户对于短期经济利益的追求与长期经济利益的追求二者之间的冲突，且二者之间冲突的剧烈程度不断加深，这直接阻碍了农村地区生态质量和人文环境的绿色均衡发展。

农户在产生土地利用亲环境意愿或实施土地利用亲环境行为时，必然会面临经济利益的抉择问题。若农户发现当考虑长远利益时，自身的眼前经济利益明显受到了威胁，或者眼前经济利益受此影响而大幅度降低，即农户对于土地利用亲环境意愿和亲环境行为相关的长期经济利益与短期经济利益非一致性感知越强时，其产生土地利用亲环境意愿和实施亲环境行为的程度越低；与此相反，若农户发现当考虑长远利益时，自身的眼前经济利益并没有大幅度降低，或者眼前经济利益基本没有受到影响，即农户对于土地利用亲环境意愿和亲环境行为相关的长期经济利益与短期经济利益非一致性感知越弱时，产生土地利用亲环境意愿和实施亲环境行为的程度越高。由此我们推断，长期经济利益与短期经济利益的非一致性，会直接阻碍或抑制农户土地利用亲环境意愿的产生和土地利用亲环境行为的实施，也就是说，长期经济利益与短期经济利益的非一致性对农户土地利用亲环境意愿和亲环境行为产生直接负向影响（图 2-3）。

基于以上分析，本书提出以下假设：

H1-1：长期经济利益与短期经济利益非一致性对农户土地利用亲环境意愿产生直接负向影响。

H1-2：长期经济利益与短期经济利益非一致性对农户土地利用亲环境行为产生直接负向影响。

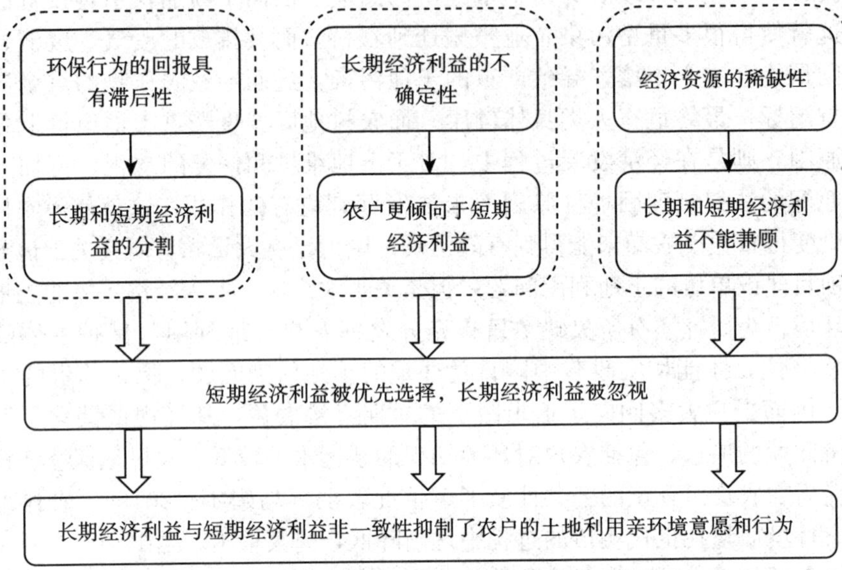

图 2-3　长期经济利益与短期经济利益非一致性对农户土地利用亲环境意愿和行为的影响

二、经济利益与社会利益非一致性对农户土地利用亲环境意愿和行为的影响

经济利益和环境利益都属于人类基本的物质利益需要，在农村经济发展和农户的生存中不可或缺（武秀芬，2019）。在中国农业产量提升和土地污染恶化并行的背景下，如何切实有效改善土地污染，已成为政府和学术界关注的重点。预期和现实的巨大差距，要求我们必须对土地利用的相关研究有更加清醒的认识，必须意识到只有当法律、政策法规与农户的土地利用行为一致时，才能发挥法律法规与政策条例应有的效力。农户是土地污染治理的直接执行者和受益者，而在实施土地利用亲环境行为时会受到长期经济利益、短期经济利益和社会利益的综合影响。研究是什么因素影响了农户实施土地利用亲环境行为，如何有效促使农户实施土地利用亲环境行为，成了重中之重。只有意识到农户的利益非一致性，才能据此采取有效措施，来充分调动农户实施土地利用亲环境行为的积极性，从根本上实现农户土地利用行为的转变。因此，研究农户实施土地利用亲环境行为时面临的利益非一致性如图 2-4 所示：①从需求

结构来看，农村地区低水平的经济现状导致了农户更迫切地去追求自身的经济利益；②从成本收益来看，农户很可能会忽视资金周转时间较长而且回报率低下的社会与环境利益；③从环境认知来看，农户对于环境保护认知能力的不足造成其忽视了对社会与环境利益的追求。

农户在产生土地利用亲环境意愿或实施土地利用亲环境行为时，必然会面临长期经济利益与社会利益的抉择问题。若农户发现当考虑社会利益时，自身的长远经济利益明显受到了威胁，或者长远经济利益受此影响而大幅度降低，即农户对于土地利用亲环境意愿和亲环境行为相关的长期经济利益与社会利益非一致性感知越强时，其产生土地利用亲环境意愿和实施亲环境行为的程度越低；与此相反，若农户发现当考虑社会利益时，自身的长远经济利益并没有大幅度降低，或者长远经济利益基本没有受到影响，也就是说，当农户追求社会利益的同时，自身的长期经济利益也同时得到了满足和保障，即农户对于土地利用亲环境意愿和亲环境行为相关的长期经济利益与社会利益非一致性感知越弱时，产生土地利用亲环境意愿和实施亲环境行为的程度越高。由此我们推断，长期经济利益与社会利益的非一致性，会直接阻碍或抑制农户土地利用亲环境意愿的产生和土地利用亲环境行为的实施，也就是说，长期经济利益与社会利益的非一致性对农户土地利用亲环境意愿和亲环境行为产生直接负向影响。

同理，农户在产生土地利用亲环境意愿或实施土地利用亲环境行为时，必然会面临短期经济利益与社会利益的抉择问题。若农户发现当考虑社会利益时，自身的眼前经济利益明显受到了威胁，或者眼前经济利益受此影响而大幅度降低，即农户对于土地利用亲环境意愿和亲环境行为相关的短期经济利益与社会利益非一致性感知越强时，其产生土地利用亲环境意愿和实施亲环境行为的程度越低；与此相反，若农户发现当考虑社会利益时，自身的眼前经济利益并没有大幅度降低，或者眼前经济利益基本没有受到影响，也就是说，当农户追求社会利益的同时，自身的短期经济利益也同时得到了满足和保障，即农户对于土地利用亲环境意愿和亲环境行为相关的短期经济利益与社会利益非一致性感知越弱时，产生土地利用亲环境意愿和实施亲环境行为的程度越高。由此我们推断，短期经济利益与社会利益的非一致性，会直接阻碍或抑制农户土地利用亲环境意愿的产生和土地利用亲环境行为的实施，也就是说，短期经济利益与社会利益的非一致性对农户土地利用亲环境意愿和亲环境行为产生直接负向影响。

基于以上分析，本书提出以下假设：

H1－3：长期经济利益与社会利益非一致性对农户土地利用亲环境意愿产

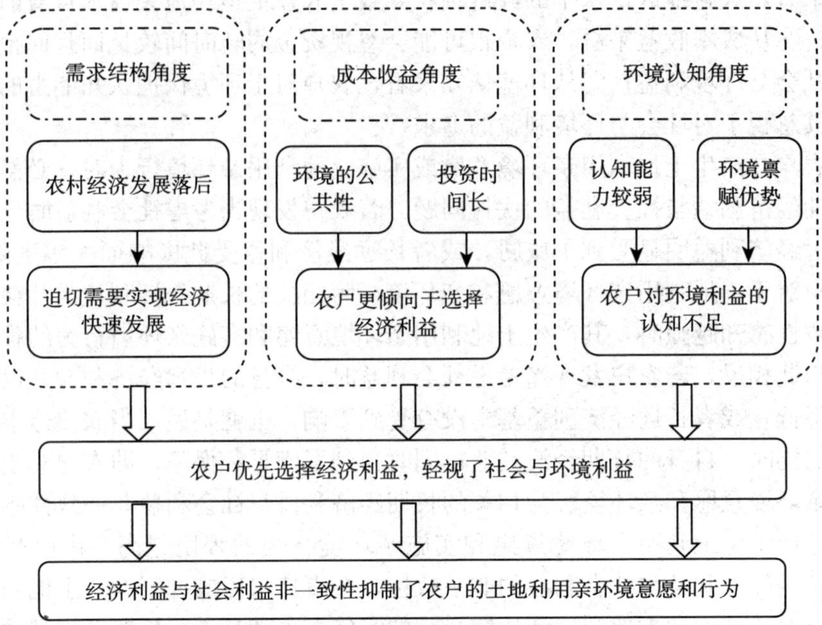

图 2-4　经济利益与社会利益非一致性对农户土地利用亲环境意愿和行为的影响

生直接负向影响。

H1-4：长期经济利益与社会利益非一致性对农户土地利用亲环境行为产生直接负向影响。

H1-5：短期经济利益与社会利益非一致性对农户土地利用亲环境意愿产生直接负向影响。

H1-6：短期经济利益与社会利益非一致性对农户土地利用亲环境行为产生直接负向影响。

三、不同类型二元利益非一致性的调节效应分析

当农户已经产生土地利用亲环境意愿时，若农户发现当考虑长远利益时，自身的眼前经济利益明显受到了威胁，或者眼前经济利益受此影响而大幅度降低，即农户对于土地利用亲环境行为相关的长期经济利益与短期经济利益非一致性感知较强时，其将土地利用亲环境意愿转化为实际亲环境行为的程度将越低；与此相反，若农户发现当考虑长远利益时，自身的眼前经济利益并没有大幅度降低，或者眼前经济利益基本没有受到影响，即农户对于土地利用亲环境行为相关的长期经济利益与短期经济利益非一致性感知越弱时，其将土地利用

亲环境意愿转化为实际亲环境行为的程度将越高。

当农户已经产生土地利用亲环境意愿时，若农户发现当考虑社会利益时，自身所追求的长远经济利益受此影响而大幅度降低，即农户对于土地利用亲环境行为相关的长期经济利益与社会利益非一致性感知越强时，其将土地利用亲环境意愿转化为实际亲环境行为的程度将越低；与此相反，若农户发现当考虑社会利益时，自身的长远经济利益并没有大幅度降低，或者长期经济利益基本没有受到影响，而是在追求社会利益的时候，自身的长期经济利益也同时得到了保障，即农户对于土地利用亲环境行为的长期经济利益与社会利益非一致性感知越弱时，其将土地利用亲环境行为意愿转化为实际亲环境行为的程度将越高。

当农户已经产生土地利用亲环境意愿时，若农户发现当考虑社会利益时，自身所追求的眼前经济利益明显受到了威胁，或者眼前经济利益受此影响而大幅度降低，即农户对于土地利用亲环境行为相关的短期经济利益与社会利益非一致性感知越强时，其将土地利用亲环境意愿转化为实际亲环境行为的程度将越低；与此相反，若农户发现当考虑社会利益时，自身的眼前经济利益并没有大幅度降低，或者眼前经济利益基本没有受到影响，即农户对于土地利用亲环境行为相关的短期经济利益与社会利益非一致性感知越弱时，其将土地利用亲环境意愿转化为实际亲环境行为的程度将越高。

基于以上分析，本书提出以下假设：

H1－7：长期经济利益与短期经济利益非一致性可负向调节农户土地利用亲环境意愿向亲环境行为的转化。

H1－8：长期经济利益与社会利益非一致性可负向调节农户土地利用亲环境意愿向亲环境行为的转化。

H1－9：短期经济利益与社会利益非一致性可负向调节农户土地利用亲环境意愿向亲环境行为的转化。

四、理论分析框架图

根据前文的理论分析，本书尝试性地将经典的计划行为理论模型做以扩展，并将不同类型二元利益非一致性（长期经济利益与短期经济利益非一致性、长期经济利益与社会利益非一致性、短期经济利益与社会利益非一致性）纳入对农户土地利用亲环境行为的分析中，以此构建基于二元利益非一致性的农户土地利用亲环境行为理论分析框架。本书的理论分析框架如图 2－5 所示：

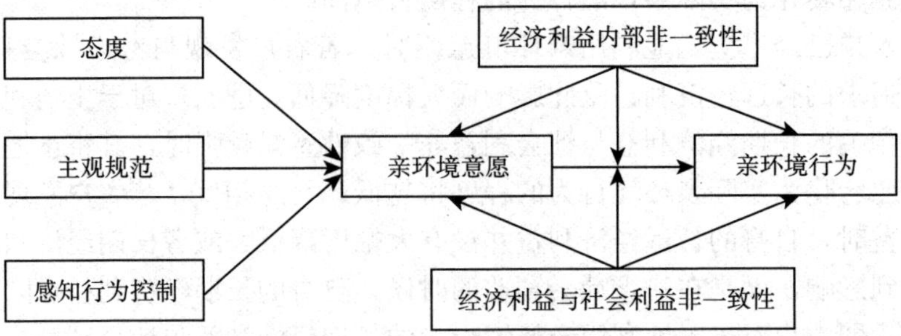

图2-5　基于二元利益非一致性的农户土地利用亲环境行为理论分析框架

第四节　本章小结

本章首先界定和诠释了利益与利益格局、农户二元利益、农户二元利益非一致性、亲环境行为、农户土地利用亲环境行为等核心概念；其次，简要地梳理与分析了农户行为的相关理论，包括环境行为理论、计划行为理论、二元利益非一致性理论，包括农户经济利益内部（长期经济利益与短期经济利益）非一致性、农户经济利益与社会利益（长期经济利益与社会利益、短期经济利益与社会利益）非一致性、外部性理论等；最后，基于以上提出本书的理论分析框架，为后文的实证研究提供了理论基础。

第三章　二元利益非一致性的测度

本章首先对与本书研究内容相关的农户的个体特征、家庭特征、生产特征和认知特征等样本数据进行描述性统计分析；其次，对全样本农户的二元利益非一致性进行测量与统计，并分别对不同土地利用亲环境意愿下两种不同类型农户的二元利益非一致性，以及不同土地利用亲环境行为下粮食种植户和蔬菜种植户二元利益非一致性之间的差异进行分析。

第一节　样本区农户基本特征

一、农户个体特征

（一）全样本农户个体特征

全样本农户个体特征如表 3－1 所示。

表 3－1　全样本农户个体特征

指标	分类及赋值	频次	占比（%）
性别	男＝1	838	55.13
	女＝0	682	44.87
年龄	30 岁以下＝1	61	4.01
	31～50 岁＝2	517	34.01
	51～70 岁＝3	790	51.98
	71 岁以上＝4	152	10.00
受教育程度	未上过学＝1	213	14.01
	小学＝2	426	28.02
	初中—3	608	40.00
	高中或中专＝4	197	12.97
	本科或大专及以上＝5	76	5.00
身体自评健康状况	非常差＝1	122	8.03
	差＝2	486	31.97
	一般＝3	608	40.00
	好＝4	198	13.03
	非常好＝5	106	6.97

（续）

指标	分类及赋值	频次	占比（%）
党员	党员＝1	182	11.97
	非党员＝0	1 338	88.03
村干部	村干部＝1	61	4.01
	非村干部＝0	1 459	95.99

（二）粮食种植户个体特征

粮食种植户个体特征如表 3－2 所示。

表 3－2　粮食种植户个体特征

指标	分类及赋值	频次	占比（%）
性别	男＝1	489	64.01
	女＝0	275	35.99
年龄	30 岁以下	30	3.93
	31～50 岁	260	34.03
	51～70 岁	395	51.70
	71 岁以上	79	10.34
受教育程度	未上过学＝1	108	14.13
	小学＝2	215	28.14
	初中＝3	302	39.53
	高中或中专＝4	98	12.83
	本科或大专及以上＝5	41	5.37
身体自评健康状况	非常差＝1	61	7.98
	差＝2	149	19.50
	一般＝3	302	39.53
	好＝4	201	26.31
	非常好＝5	51	6.68
党员	党员＝1	98	13.83
	非党员＝0	666	87.17
村干部	村干部＝1	30	3.93
	非村干部＝0	734	96.07

（三）蔬菜种植户个体特征

蔬菜种植户个体特征如表 3－3 所示。

表 3－3　蔬菜种植户个体特征

指标	分类及赋值	频次	占比（%）
性别	男＝1	468	61.90
	女＝0	288	38.10
年龄	30 岁以下＝1	29	3.84
	31～50 岁＝2	262	34.66
	51～70 岁＝3	385	50.93
	71 岁以上＝4	80	10.57
受教育程度	未上过学＝1	106	14.02
	小学＝2	198	26.19
	初中＝3	324	42.86
	高中或中专＝4	58	7.67
	本科或大专及以上＝5	70	9.26
身体自评健康状况	非常差＝1	82	10.85
	差＝2	125	16.53
	一般＝3	298	39.42
	好＝4	196	25.92
	非常好＝5	55	7.28
党员	党员＝1	82	10.85
	非党员＝0	674	89.15
村干部	村干部＝1	27	3.57
	非村干部＝0	729	96.43

二、农户家庭特征

（一）全样本农户家庭特征

全样本农户家庭基本特征如表 3－4 所示。

表 3-4 全样本农户家庭基本特征

指标	均值	标准差	最小值	最大值
家庭人数（人）	4.55	1.68	1.00	16.00
农业劳动力人数（人）	2.69	1.02	1.00	8.00
家庭年收入（万元）	4.56	3.48	0.20	35.00
农业年收入（万元）	2.04	2.71	0.00	28.00

（二）粮食种植户家庭特征

粮食种植户家庭基本特征如表 3-5 所示。

表 3-5 粮食种植户家庭基本特征

指标	均值	标准差	最小值	最大值
家庭人数（人）	4.54	1.51	1.00	16.00
农业劳动力人数（人）	2.02	1.02	1.00	6.00
家庭年收入（万元）	4.62	3.48	0.20	32.00
农业年收入（万元）	1.98	2.71	0.00	25.00

（三）蔬菜种植户家庭特征

蔬菜种植户家庭基本特征如表 3-6 所示。

表 3-6 蔬菜种植户家庭基本特征

指标	均值	标准差	最小值	最大值
家庭人数（人）	4.25	1.68	1.00	14.00
农业劳动力人数（人）	2.71	1.02	1.00	8.00
家庭年收入（万元）	4.83	3.48	0.40	35.00
农业年收入（万元）	2.13	2.71	0.00	28.00

三、农户生产特征

（一）全样本农户生产特征

全样本农户生产特征如表 3-7、表 3-8 所示。

表 3-7 全样本农户生产特征（1）

指标	均值	标准差	最小值	最大值
种植面积（亩*）	6.98	12.06	0.20	280.00
种植块数（块）	3.65	4.01	1.00	51.00
居住地与最远地块距离（千米）	1.26	1.03	0.01	12.00
地块周边交通状况	3.52	0.96	1.00	5.00

表 3-8 全样本农户生产特征（2）

指标	分类及赋值	均值	频次	占比（%）
农作物主要用途	几乎全部自己食用=1	3.68	72	4.74
	大部分自己食用=2		236	15.52
	一半自己食用，一半出售=3		240	15.79
	大部分出售=4		682	44.87
	几乎全部出售=5		290	19.08
农药、化肥等在施用上的区别	完全没区别=1	2.06	582	38.29
	区别较小=2		558	36.71
	区别一般=3		192	12.63
	区别较大=4		129	8.49
	区别非常大=5		59	3.88

（二）粮食种植户生产特征

粮食种植户生产特征如表 3-9、表 3-10 所示。

表 3-9 粮食种植户生产特征（1）

指标	均值	标准差	最小值	最大值
种植面积（亩）	7.73	14.29	0.20	280.00
种植块数（块）	4.05	4.82	1.00	51.00
居住地与最远地块距离（千米）	1.26	1.35	0.01	12.00
地块周边交通状况	3.81	0.85	1.00	5.00

* 亩为非法定计量单位，1 亩≈667 平方米。——编者注

表 3-10 粮食种植户生产特征（2）

指标	分类及赋值	均值	频次	占比（%）
农作物主要用途	几乎全部自己食用=1	3.59	58	7.59
	大部分自己食用=2		115	15.05
	一半自己食用，一半出售=3		209	27.36
	大部分出售=4		362	47.38
	几乎全部出售=5		20	2.62
农药、化肥等在施用上的区别	完全没区别=1	2.04	295	38.61
	区别较小=2		261	34.16
	区别一般=3		98	12.83
	区别较大=4		58	7.59
	区别非常大=5		52	6.81

（三）蔬菜种植户生产特征

蔬菜种植户生产特征如表 3-11、表 3-12 所示。

表 3-11 蔬菜种植户生产特征（1）

指标	均值	标准差	最小值	最大值
种植面积（亩）	6.52	6.38	0.20	80.00
种植块数（块）	3.94	2.12	1.00	16.00
居住地与最远地块距离（千米）	1.05	0.83	0.01	8.00
地块周边交通状况	3.72	0.88	1.00	5.00

表 3-12 蔬菜种植户生产特征（2）

指标	分类及赋值	均值	频次	占比（%）
农作物主要用途	几乎全部自己食用=1	3.65	5	0.66
	大部分自己食用=2		34	4.48
	一半自己食用，一半出售=3		198	26.12
	大部分出售=4		429	56.60
	几乎全部出售=5		92	12.14
农药、化肥等在施用上的区别	完全没区别=1	2.05	256	33.77
	区别较小=2		283	37.34
	区别一般=3		84	11.08
	区别较大=4		75	9.89
	区别非常大=5		60	7.92

四、农户认知特征

（一）全样本农户认知特征

农户认知主要是指农户在农业环境保护及土地利用亲环境行为方面的认知水平及情况。伴随着中国城市与乡村一体化步伐的逐渐加快，农村地区的经济发展取得显著成绩，而随之而来的却是严重的土地污染。土地污染的主要来源包括两个方面，一个是来自农业生产的直接污染，农户为了作物增产而加大化肥施用量，为了快速治理病虫害而加大农药施用量，为了生产反季节经济作物而大量使用地膜等，从而使得农药、化肥、塑料薄膜的残留进入土壤，大大破坏了土壤的自我净化能力，导致了土地污染的加剧。另一个则是来自工业污染的间接转移，一些地方政府为了追求经济的高速发展而不断加快引进投资的速度，这就使得很多重型污染企业被搬迁到农村，而其排放的废气、废渣、废水，则最终会进入土壤，导致严重的土地污染，进而导致农作物的重金属含量严重超标，最终危害人类身体健康。而农村地区产生严重土地质量退化的一大原因，则是在经济发展过程中，对于土地维护和修复的忽视，再加上与之相匹配的法律制度因种种原因而未能发挥其应有的作用，这就使得农村土地污染变得日益严峻却未能得到有效治理。国内已有大量学者研究关于地方政府或项目建设单位的土地利用问题，但是关于农户这一行为经济主体的土地利用亲环境行为研究还有所欠缺。只有充分发挥农户土地利用与保护主体的职能和积极性，才能切实改善中国日益严重的土地污染问题，保护珍贵的土地资源，由表 3－13 可以看出农户对农业环境保护及土地利用亲环境行为的认知程度整体较高。

表 3－13　全样本农户认知特征

指标	均值	标准差	最小值	最大值
施用普通化肥会加重环境污染	3.58	0.87	1.00	5.00
施用普通农药会加重环境污染	3.86	0.89	1.00	5.00
焚烧或随意堆砌弃秆会加重环境污染	3.95	0.86	1.00	5.00

（二）粮食种植户认知特征

粮食种植户的认知情况也通过以上三个题项来进行测量。在中国农业产量提升和土地污染恶化并行的背景下，如何切实有效改善土地污染，已成为政府和学术界关注的重点。预期和现实的巨大差距，要求我们必须对土地利用的相关研究有更加清醒的认识，必须意识到只有当法律、政策法规与农户的土地利用行为一致时，才能发挥法律法规与政策条例应有的效力。农户是土地污染治理的直接执行者和受益者，而在实施土地利用亲环境行为时会受到长期经济利益、短期经济利益和社会利益的综合影响。研究是什么因素影响了农户实施土地利用亲环境行为，如何有效促使农户实施土地利用亲环境行为，成为本书的重中之重。只有意识到农户的利益非一致性，才能据此采取有效措施，来充分调动农户实施土地利用亲环境行为的积极性，从根本上实现农户土地利用行为的转变，因此，我们研究农户实施土地利用亲环境行为时面临的利益非一致性。在764户样本中，粮食种植户对农业环境保护及土地利用亲环境行为的认知程度整体较高（表3-14）。

表3-14 粮食种植户认知特征

指标	均值	标准差	最小值	最大值
施用普通化肥会加重环境污染	3.56	0.92	1.00	5.00
施用普通农药会加重环境污染	3.89	0.95	1.00	5.00
焚烧或随意堆砌弃秆会加重环境污染	3.92	0.93	1.00	5.00

（三）蔬菜种植户认知特征

蔬菜种植户的认知情况也通过以上三个题项来进行测量。在中国农业产量提升和土地污染恶化并行的背景下，如何切实有效改善土地污染，已成为政府和学术界关注的重点。预期和现实的巨大差距，要求我们必须对土地利用的相关研究有更加清醒的认识，必须意识到只有当法律、政策法规与农户的土地利用行为一致时，才能发挥法律法规与政策条例应有的效力。农户是土地污染治理的直接执行者和受益者，而在实施土地利用亲环境行为时会受到长期经济利益、短期经济利益和社会利益的综合影响。研究是什么因素影响了农户实施土地利用亲环境行为，如何有效促使农户实施土地利用亲环境行为，成为重中之重。只有意识到农户的利益非一致性，才能据此采取有效措施，来充分调动农户实施土地利用亲环境行为的积极性，从根本上实现农户土地利用行为的转变，因此，研究农户实施土地利用亲环境行为时面临的利益非一致性。在756户样本中，蔬菜种植户对农业环境保护及土地利用亲环境行为的认知程度整体较高（表3-15）。

表 3-15　蔬菜种植户认知特征

指标	均值	标准差	最小值	最大值
施用普通化肥会加重环境污染	3.62	0.89	1.00	5.00
施用普通农药会加重环境污染	3.93	0.85	1.00	5.00
焚烧或随意堆砌弃秆会加重环境污染	3.96	0.84	1.00	5.00

第二节　农户二元利益非一致性测度指标设计原则

基于前文的概念界定，本书将农户的二元利益非一致性列出三条脉络来分析，分别为农户长期与短期经济利益非一致性的测度、长期经济利益与社会利益非一致性的测度、短期经济利益与社会利益非一致性的测度。二元利益非一致性指标的建立，为后续研究其对农户土地利用亲环境意愿和亲环境行为的影响奠定了基础。因二元利益非一致性指标对后续研究有影响，为保证整体研究的严谨性，在二元利益非一致性指标构建过程中需要遵循以下原则：

全面性原则。农户在进行农业生产行为时，不但会考虑经济利益，而且也会在一定程度上考虑社会利益、生态利益等其他利益，但对不同利益类型的考虑程度存在差异，因此有必要将不同的利益类型纳入本书当中。而农户不同利益之间的非一致性，需要兼顾全面性原则，全面综合地涵盖不同的利益非一致性类型，以反映农户二元利益非一致性的具体情况。

层次性原则。在实现农户二元利益非一致性指标体系全面性原则的基础上，同时需要考虑指标体系构建的层次性原则，确保分级指标确实存在总分或递进的关系，防止平行指标之间的重复性，进而从不同层面准确反映出农户二元利益非一致性的实际情况。

可得性原则。在实地调研的过程中，所涉及的现实问题与学术术语的表达之间存在些许差异，因此在设计调查问卷时，需认真考虑农户二元利益非一致性等指标获得的可操作性，确保指标设计的数据充分可得。

可比性原则。不同区域间农户二元利益非一致性存在比较大的差异，因此在设计指标体系时应考虑指标的普适性问题，确保指标在不同地区的农户调研过程中均可获得，且具有一定的可比性，为后期实证研究奠定基础。

独立性原则。在设计农户二元利益非一致性指标体系时，需尽量从指标的不同角度出发来反映各主体二元利益非一致性的差异，确保指标设计之间的相对独立性，以免造成信息的冗余。

第三节　农户长期与短期经济利益非一致性的测度

一、测量变量说明

农户对于土地利用亲环境行为所感知到的长期与短期经济利益非一致性，是指在农业生产和土地利用过程中，农户所感知到的对长期经济利益与短期经济利益诉求的差异，由于本书研究的土地利用亲环境行为主要包括农户对有机肥的施用行为、对绿色农药的施用行为和秸秆还田行为这三类，为此，需针对不同行为分别设计一一对应的农户长期与短期经济利益非一致性的测量题项，同时，为避免单个测量题项可能会导致的结果偏差，本小节分别采用三个题项对农户不同类型土地利用亲环境行为下的长期与短期经济利益非一致性感知情况进行测量。具体的测量题项及赋值情况为："在农业生产投资时，您更倾向于考虑短期经济利益吗？非常不同意～非常同意：1～5"；"即使长期经济利益受损，您也更倾向于考虑短期经济利益吗？非常不同意～非常同意：1～5"；"如果您只能在长期经济利益与短期经济利益中择其一时，您还是会倾向于选择短期经济利益吗？非常不同意～非常同意：1～5"。

二、信度与效度检验

本书首先采用因子分析法中的正交旋转对不同亲环境行为下不同农作物种植类型农户的长期经济利益与短期经济利益非一致性测量题项的单一性进行验证，再采用验证性因子分析对不同亲环境行为下不同农作物种植类型农户长期经济利益与短期经济利益非一致性各测量题项的稳定性与可靠性进行验证。为对农户长期与短期经济利益非一致性测量题项进行稳定性验证，采用克朗巴哈信度系数（*Cronbach's α*）值和平均方差抽取量（AVE）值对二者进行检验（信度与效度检验），检验公式如下：

$$Cronbach = a\frac{k}{k-1}\left(1-\sum_{i=1}^{k}\frac{S_i^2}{S_p^2}\right) \tag{3-1}$$

$$AVE = \frac{\sum \lambda^2}{(\sum \lambda^2 + \sum \theta)} \tag{3-2}$$

分别针对不同种植类型农户在不同类型亲环境行为下的农户长期与短期经济利益非一致性进行分别检验。

（一）粮食种植户不同类型亲环境行为下长期经济利益与短期经济利益非一致性的信效度检验

由表 3-16 可知，在粮食种植户的农户样本中，在有机肥施用行为、绿色农药施用行为和秸秆还田行为这三类不同类型的土地利用亲环境行为下，长期经济利益与短期经济利益非一致性分别对应的测量题项均通过 *Bartlett* 球型检验，说明不同类型亲环境行为下长期经济利益与短期经济利益非一致性对应的测量题项间具有较强的相关性，可以进行因子分析，同时，不同类型亲环境行为下长期经济利益与短期经济利益非一致性对应的 *KMO* 统计量均在 0.7 以上，说明不同类型亲环境行为下长期经济利益与短期经济利益非一致性各测量题项间信息偏相关性较强，此时进行因子分析的效果较好。

表 3-16　粮食种植户不同类型亲环境行为下长期经济利益与短期经济利益非一致性因子分析结果

行为	测量题项	成分	累计解释方差（%）	*Bartlett* 球型检验	*KMO* 统计量
有机肥施用行为	在农业生产投资时，您更倾向于考虑短期经济利益吗？	0.88	81.70	0.00***	0.75
	即使长期经济利益受损，您也更倾向于考虑短期经济利益吗？	0.91			
	如果您只能在长期经济利益与短期经济利益中择其一时，您还是会倾向于选择短期经济利益吗？	0.90			
绿色农药施用行为	在农业生产投资时，您更倾向于考虑短期经济利益吗？	0.94	81.73	0.00***	0.76
	即使长期经济利益受损，您也更倾向于考虑短期经济利益吗？	0.92			
	如果您只能在长期经济利益与短期经济利益中择其一时，您还是会倾向于选择短期经济利益吗？	0.90			
秸秆还田行为	在农业生产投资时，您更倾向于考虑短期经济利益吗？	0.92	87.81	0.00***	0.77
	即使长期经济利益受损，您也更倾向于考虑短期经济利益吗？	0.92			
	如果您只能在长期经济利益与短期经济利益中择其一时，您还是会倾向于选择短期经济利益吗？	0.91			

注：表中的 *** 表示 1%的显著性水平。

粮食种植户不同类型土地利用亲环境行为下农户长期与短期经济利益非一致性的信效度检验结果如表 3-17 所示。在三种不同类型土地利用亲环境行为下，农户长期与短期经济利益非一致性的 *Cronbach's* α 系数值均大于 0.80，说明二者分别对应的测量题项存在高度内在一致性；农户长期与短期经济利益非一致性的 *AVE* 值均大于 0.50，二者都通过了收敛效度检验，因此收敛效度处于中高水平，对于因素负荷量来说，农户长期与短期经济利益非一致性对应的测量题项均位于 0.50～0.95。

表 3-17 粮食种植户不同类型土地利用亲环境行为下农户长期与短期经济利益非一致性效度检验结果

行为	测量题项	因素负荷量	*Cronbach's* α 系数	*AVE*
有机肥施用行为	在农业生产投资时，您更倾向于考虑短期经济利益吗？	0.85	0.86	0.65
	即使长期经济利益受损，您也更倾向于考虑短期经济利益吗？	0.79		
	如果您只能在长期经济利益与短期经济利益中择其一时，您还是会倾向于选择短期经济利益吗？	0.84		
绿色农药施用行为	在农业生产投资时，您更倾向于考虑短期经济利益吗？	0.85	0.85	0.68
	即使长期经济利益受损，您也更倾向于考虑短期经济利益吗？	0.82		
	如果您只能在长期经济利益与短期经济利益中择其一时，您还是会倾向于选择短期经济利益吗？	0.78		
秸秆还田行为	在农业生产投资时，您更倾向于考虑短期经济利益吗？	0.92	0.91	0.81
	即使长期经济利益受损，您也更倾向于考虑短期经济利益吗？	0.91		
	如果您只能在长期经济利益与短期经济利益中择其一时，您还是会倾向于选择短期经济利益吗？	0.86		

(二) 蔬菜种植户不同类型亲环境行为下农户长期与短期经济利益非一致性的信效度检验

蔬菜种植户不同类型土地利用亲环境行为下农户长期与短期经济利益非一致性的信效度检验结果如表 3-18 所示。在三种不同类型土地利用亲环境行为下，农户长期与短期经济利益非一致性的 *Cronbach's* α 系数值均大于 0.80，说明二者分别对应的测量题项存在高度内在一致性；农户长期与短期经济利益非一致性的 AVE 值均大于 0.50，二者都通过了收敛效度检验，因此收敛效度处于中高水平，对于因素负荷量来说，农户长期与短期经济利益非一致性对应的测量题项均位于 0.50～0.95。

表 3-18　蔬菜种植户不同类型亲环境行为下农户长期与短期经济利益非一致性效度检验结果

行为	测量题项	因素负荷量	Cronbach's α 系数	AVE
有机肥施用行为	在农业生产投资时，您更倾向于考虑短期经济利益吗？	0.88	0.89	0.69
	即使长期经济利益受损，您也更倾向于考虑短期经济利益吗？	0.90		
	如果您只能在长期经济利益与短期经济利益中择其一时，您还是会倾向于选择短期经济利益吗？	0.78		
绿色农药施用行为	在农业生产投资时，您更倾向于考虑短期经济利益吗？	0.84	0.89	0.81
	即使长期经济利益受损，您也更倾向于考虑短期经济利益吗？	0.82		
	如果您只能在长期经济利益与短期经济利益中择其一时，您还是会倾向于选择短期经济利益吗？	0.89		
秸秆还田行为	在农业生产投资时，您更倾向于考虑短期经济利益吗？	0.90	0.90	0.79
	即使长期经济利益受损，您也更倾向于考虑短期经济利益吗？	0.93		
	如果您只能在长期经济利益与短期经济利益中择其一时，您还是会倾向于选择短期经济利益吗？	0.85		

三、农户长期与短期经济利益非一致性描述性统计

（一）全样本农户长期与短期经济利益非一致性

全样本农户不同类型亲环境行为下长期与短期经济利益非一致性的描述性统计如表 3-19 所示。在有机肥施用行为下，长期与短期经济利益非一致性对应的三个测量题项“在农业生产投资时，您更倾向于考虑短期经济利益吗？”“即使长期经济利益受损，您也更倾向于考虑短期经济利益吗？”“如果您只能在长期经济利益与短期经济利益中择其一时，您还是会倾向于选择短期经济利益吗？”的均值分别为 3.45、3.43 和 3.46；在绿色农药施用行为下，长期与

短期经济利益非一致性对应的三个测量题项“在农业生产投资时，您更倾向于考虑短期经济利益吗?”“即使长期经济利益受损，您也更倾向于考虑短期经济利益吗?”“如果您只能在长期经济利益与短期经济利益中择其一时，您还是会倾向于选择短期经济利益吗?”的均值分别为3.56、3.52和3.54,；在秸秆还田行为下，长期与短期经济利益非一致性对应的三个测量题项“在农业生产投资时，您更倾向于考虑短期经济利益吗?”“即使长期经济利益受损，您也更倾向于考虑短期经济利益吗?”“如果您只能在长期经济利益与短期经济利益中择其一时，您还是会倾向于选择短期经济利益吗?”的均值分别为3.42、3.40和3.43。整体而言，长期经济利益与短期经济利益非一致性的均值均处于中等水平以上。

表3-19　全样本农户长期与短期经济利益非一致性

行为	测量题项	均值	标准差	最小值	最大值
有机肥施用行为	在农业生产投资时，您更倾向于考虑短期经济利益吗?	3.45	0.98	1.00	5.00
	即使长期经济利益受损，您也更倾向于考虑短期经济利益吗?	3.43	0.99	1.00	5.00
	如果您只能在长期经济利益与短期经济利益中择其一时，您还是会倾向于选择短期经济利益吗?	3.46	1.02	1.00	5.00
绿色农药施用行为	在农业生产投资时，您更倾向于考虑短期经济利益吗?	3.56	0.82	1.00	5.00
	即使长期经济利益受损，您也更倾向于考虑短期经济利益吗?	3.52	0.86	1.00	5.00
	如果您只能在长期经济利益与短期经济利益中择其一时，您还是会倾向于选择短期经济利益吗?	3.54	0.92	1.00	5.00
秸秆还田行为	在农业生产投资时，您更倾向于考虑短期经济利益吗?	3.42	1.01	1.00	5.00
	即使长期经济利益受损，您也更倾向于考虑短期经济利益吗?	3.40	1.02	1.00	5.00
	如果您只能在长期经济利益与短期经济利益中择其一时，您还是会倾向于选择短期经济利益吗?	3.43	1.05	1.00	5.00

（二）粮食种植户长期与短期经济利益非一致性

粮食种植户不同类型亲环境行为下长期与短期经济利益非一致性的描述性统计如表3-20所示（$N=746$）。在有机肥施用行为下，长期与短期经济利益非一致性对应的三个测量题项“在农业生产投资时，您更倾向于考虑短期经济利益吗?”“即使长期经济利益受损，您也更倾向于考虑短期经济利益吗?”“如果您只能在长期经济利益与短期经济利益中择其一时，您还是会倾向于选择短期经济利益吗?”的均值分别为 3.32、3.38 和 3.30，处于中等水平；在绿色农药施用行为下，长期与短期经济利益非一致性对应的三个测量题项“在农业生产投资时，您更倾向于考虑短期经济利益吗?”“即使长期经济利益受损，您也更倾向于考虑短期经济利益吗?”“如果您只能在长期经济利益与短期经济利益中择其一时，您还是会倾向于选择短期经济利益吗?”的均值分别为 3.41、3.46 和 3.48，处于中等水平；在秸秆还田行为下，长期与短期经济利益非一致性对应的三个测量题项“在农业生产投资时，您更倾向于考虑短期经济利益吗?”“即使长期经济利益受损，您也更倾向于考虑短期经济利益吗?”“如果您只能在长期经济利益与短期经济利益中择其一时，您还是会倾向于选择短期经济利益吗?”的均值分别为 3.46、3.45 和 3.48，略高于中等水平。与全样本农户的统计结果类似，粮食种植户长期与短期经济利益非一致性的均值均处于中等水平左右。

表 3-20　粮食种植户长期与短期经济利益非一致性

行为	测量题项	均值	标准差	最小值	最大值
有机肥施用行为	在农业生产投资时，您更倾向于考虑短期经济利益吗?	3.32	0.96	1.00	5.00
	即使长期经济利益受损，您也更倾向于考虑短期经济利益吗?	3.38	1.02	1.00	5.00
	如果您只能在长期经济利益与短期经济利益中择其一时，您还是会倾向于选择短期经济利益吗?	3.30	1.05	1.00	5.00
绿色农药施用行为	在农业生产投资时，您更倾向于考虑短期经济利益吗?	3.41	0.76	1.00	5.00
	即使长期经济利益受损，您也更倾向于考虑短期经济利益吗?	3.46	0.89	1.00	5.00
	如果您只能在长期经济利益与短期经济利益中择其一时，您还是会倾向于选择短期经济利益吗?	3.48	0.94	1.00	5.00
秸秆还田行为	在农业生产投资时，您更倾向于考虑短期经济利益吗?	3.46	0.98	1.00	5.00
	即使长期经济利益受损，您也更倾向于考虑短期经济利益吗?	3.45	0.97	1.00	5.00
	如果您只能在长期经济利益与短期经济利益中择其一时，您还是会倾向于选择短期经济利益吗?	3.48	1.06	1.00	5.00

（三）蔬菜种植户长期与短期经济利益非一致性

蔬菜种植户不同类型亲环境行为下长期与短期经济利益非一致性的描述性统计如表3-21所示。在有机肥施用行为下，长期与短期经济利益非一致性对应的三个测量题项“在农业生产投资时，您更倾向于考虑短期经济利益吗？”“即使长期经济利益受损，您也更倾向于考虑短期经济利益吗？”“如果您只能在长期经济利益与短期经济利益中择其一时，您还是会倾向于选择短期经济利益吗？”的均值分别为3.56、3.58和3.55，处于中等水平与较高水平之间的中等水平附近；在绿色农药施用行为下，长期与短期经济利益非一致性对应的三个测量题项“在农业生产投资时，您更倾向于考虑短期经济利益吗？”“即使长期经济利益受损，您也更倾向于考虑短期经济利益吗？”“如果您只能在长期经济利益与短期经济利益中择其一时，您还是会倾向于选择短期经济利益吗？”的均值分别为3.65、3.62和3.68，略高于中等水平与较高水平之间的中等水平；在秸秆还田行为下，长期与短期经济利益非一致性对应的三个测量题项“在农业生产投资时，您更倾向于考虑短期经济利益吗？”“即使长期经济利益受损，您也更倾向于考虑短期经济利益吗？”“如果您只能在长期经济利益与短期经济利益中择其一时，您还是会倾向于选择短期经济利益吗？”的均值分别为3.52、3.54和3.65，处在中等水平以上。与全样本农户和粮食种植户的统计结果类似，蔬菜种植户长期与短期经济利益非一致性的均值均处于中等水平以上。

表3-21　蔬菜种植户长期与短期经济利益非一致性

行为	测量题项	均值	标准差	最小值	最大值
有机肥施用行为	在农业生产投资时，您更倾向于考虑短期经济利益吗？	3.56	0.98	1.00	5.00
	即使长期经济利益受损，您也更倾向于考虑短期经济利益吗？	3.58	0.96	1.00	5.00
	如果您只能在长期经济利益与短期经济利益中择其一时，您还是会倾向于选择短期经济利益吗？	3.55	0.97	1.00	5.00
绿色农药施用行为	在农业生产投资时，您更倾向于考虑短期经济利益吗？	3.65	0.88	1.00	5.00
	即使长期经济利益受损，您也更倾向于考虑短期经济利益吗？	3.62	0.89	1.00	5.00
	如果您只能在长期经济利益与短期经济利益中择其一时，您还是会倾向于选择短期经济利益吗？	3.68	0.92	1.00	5.00

（续）

行为	测量题项	均值	标准差	最小值	最大值
秸秆还田行为	在农业生产投资时，您更倾向于考虑短期经济利益吗？	3.52	0.98	1.00	5.00
	即使长期经济利益受损，您也更倾向于考虑短期经济利益吗？	3.54	0.99	1.00	5.00
	如果您只能在长期经济利益与短期经济利益中择其一时，您还是会倾向于选择短期经济利益吗？	3.65	0.91	1.00	5.00

四、粮食种植户、蔬菜种植户长期与短期经济利益非一致性差异分析

由以上研究可得，不同亲环境行为下粮食种植户、蔬菜种植户的长期与短期经济利益非一致性各个维度的信度与效度较高，基于此，可将各个维度的测量值进行加总后取平均值来估算长期与短期经济利益非一致性这一整体维度，以评价在不同类型亲环境行为下粮食种植户、蔬菜种植户长期与短期经济利益非一致性的整体差异。不同亲环境行为下粮食种植户、蔬菜种植户的长期与短期经济利益非一致性各个维度的信度与效度较高，基于此，可将各个维度的测量值进行加总后取平均值来估算长期与短期经济利益非一致性这一整体维度，以评价在不同类型亲环境行为下粮食种植户、蔬菜种植户长期与短期经济利益非一致性的整体差异。

不同类型亲环境行为下不同类型农户的长期与短期经济利益非一致性比较结果如下。在有机肥施用行为下，两种不同类型农户长期与短期经济利益非一致性存在显著差异。在绿色农药施用行为下，两种不同类型农户长期与短期经济利益非一致性也存在显著差异。在秸秆还田行为下，两种不同类型农户长期与短期经济利益非一致性亦存在显著差异（表 3－22）。

表 3－22　不同类型亲环境行为下粮食、蔬菜种植户长期与短期经济利益非一致性差异

行为	测量题项	粮食种植户均值	蔬菜种植户均值	T 统计量
有机肥施用行为	在农业生产投资时，您更倾向于考虑短期经济利益吗？	3.35	3.53	-3.30^{***}

（续）

行为	测量题项	粮食种植户均值	蔬菜种植户均值	T 统计量
有机肥施用行为	即使长期经济利益受损，您也更倾向于考虑短期经济利益吗？	3.38	3.51	−1.92*
	如果您只能在长期经济利益与短期经济利益中择其一时，您还是会倾向于选择短期经济利益吗？	3.32	3.52	−3.12***
	有机肥施用行为下的农户长期与短期经济利益非一致性。	3.35	3.54	−3.15***
绿色农药施用行为	在农业生产投资时，您更倾向于考虑短期经济利益吗？	3.43	3.65	−4.58***
	即使长期经济利益受损，您也更倾向于考虑短期经济利益吗？	3.42	3.63	−4.16***
	如果您只能在长期经济利益与短期经济利益中择其一时，您还是会倾向于选择短期经济利益吗？	3.45	3.60	−3.32***
	绿色农药施用行为下的农户长期与短期经济利益非一致性。	3.41	3.63	−4.49***
秸秆还田行为	在农业生产投资时，您更倾向于考虑短期经济利益吗？	3.46	3.26	3.39***
	即使长期经济利益受损，您也更倾向于考虑短期经济利益吗？	3.49	3.28	3.35***
	如果您只能在长期经济利益与短期经济利益中择其一时，您还是会倾向于选择短期经济利益吗？	3.50	3.27	3.81***
	秸秆还田行为下的农户长期与短期经济利益非一致性。	3.49	3.28	3.79***

注：表中 *** 和 * 分别表示 1%和 10%的显著性水平。

第四节　农户长期经济利益与社会利益非一致性的测度

一、测量变量说明

农户对于土地利用亲环境行为的长期经济利益与社会利益非一致性，是指农户在农业生产和土地利用过程中，其所感知到的对长期经济利益与社会利益诉求的差异，与农户长期与短期经济利益非一致性的测量方式类似，对于农户长期经济利益与社会利益非一致性的测量亦分别针对本书所研究的农户对三类土地利用亲环境行为进行分别设计，同时，为避免单个测量题项可能会导致的结果偏差，本小节也分别采用三个题项对农户在不同类型亲环境行为下的长期经济利益与社会利益非一致性情况进行测量："在农业生产投资时，您更倾向于考虑长期经济利益吗？非常不同意～非常同意，1～5"；"即使社会利益受损，您也更倾向于考虑长期经济利益吗？非常不同意～非常同意，1～5"；"如果您只能在社会利益与长期经济利益中择其一时，您还是会倾向于选择长期经济利益吗？非常不同意～非常同意，1～5"。

二、信度与效度检验

首先采用因子分析法中的正交旋转对不同类型亲环境行为下粮食种植户和蔬菜种植户的长期经济利益与社会利益非一致性测量题项的单一性进行验证，再采用验证性因子分析对不同类型亲环境行为下粮食种植户和蔬菜种植户长期经济利益与社会利益非一致性各测量题项的可靠性进行验证。

（一）粮食种植户不同类型亲环境行为下长期经济利益与社会利益非一致性的信效度检验

在粮食种植户的农户样本中，在三种不同类型的土地利用亲环境行为下，长期经济利益与社会利益非一致性分别对应的测量题项均通过 *Bartlett* 球型检验，说明不同类型亲环境行为下长期经济利益与社会利益非一致性对应的测量题项间具有较强的相关性。根据表中不同类型亲环境行为下针对长期经济利益与社会利益非一致性的因子分析可知，对不同类型亲环境行为下农户长期经济利益与社会利益非一致性的测量题项隶属于同一个维度。在粮食种植户的农户样本中，在三种不同类型的土地利用亲环境行为下，长期经济利益与社会利益非一致性分别对应的测量题项均通过检验，说明不同类型亲环境行为下长期经济利益与社会利益非一致性对应的测量题项间具有较强的相关性，表 3－23 显示了不同类型亲环境行为下针对长期经济利益与社会利益非一致性的因子分析。表 3－24 为粮食种植户不同类型亲环境行为下长期经济利益与社会利益非一致性效度检验结果。

表 3-23　粮食种植户不同类型亲环境行为下长期经济利益与社会利益非一致性因子分析结果

行为	测量题项	成分	累计解释方差（%）	*Bartlett* 球型检验	*KMO* 统计量
有机肥施用行为	在农业生产投资时，您更倾向于考虑长期经济利益吗？	0.89	81.68	0.00***	0.76
	即使社会利益受损，您也更倾向于考虑长期经济利益吗？	0.92			
	如果您只能在社会利益与长期经济利益中择其一时，您还是会倾向于选择长期经济利益吗？	0.91			
绿色农药施用行为	在农业生产投资时，您更倾向于考虑长期经济利益吗？	0.92	81.72	0.00***	0.75
	即使社会利益受损，您也更倾向于考虑长期经济利益吗？	0.93			
	如果您只能在社会利益与长期经济利益中择其一时，您还是会倾向于选择长期经济利益吗？	0.90			
秸秆还田行为	在农业生产投资时，您更倾向于考虑长期经济利益吗？	0.91	87.94	0.00***	0.78
	即使社会利益受损，您也更倾向于考虑长期经济利益吗？	0.93			
	如果您只能在社会利益与长期经济利益中择其一时，您还是会倾向于选择长期经济利益吗？	0.92			

注：表中的 *** 表示1%的显著性水平。

表 3-24　粮食种植户不同类型亲环境行为下长期经济利益与社会利益非一致性效度检验结果

行为	测量题项	因素负荷量	*Cronbach's α* 系数	*AVE*
有机肥施用行为	在农业生产投资时，您更倾向于考虑长期经济利益吗？	0.86	0.91	0.76
	即使社会利益受损，您也更倾向于考虑长期经济利益吗？	0.88		
	如果您只能在社会利益与长期经济利益中择其一时，您还是会倾向于选择长期经济利益吗？	0.85		

（续）

行为	测量题项	因素负荷量	*Cronbach's α* 系数	*AVE*
绿色农药施用行为	在农业生产投资时，您更倾向于考虑长期经济利益吗？	0.89	0.89	0.76
	即使社会利益受损，您也更倾向于考虑长期经济利益吗？	0.88		
	如果您只能在社会利益与长期经济利益中择其一时，您还是会倾向于选择长期经济利益吗？	0.82		
秸秆还田行为	在农业生产投资时，您更倾向于考虑长期经济利益吗？	0.93	0.91	0.85
	即使社会利益受损，您也更倾向于考虑长期经济利益吗？	0.91		
	如果您只能在社会利益与长期经济利益中择其一时，您还是会倾向于选择长期经济利益吗？	0.92		

（二）蔬菜种植户不同类型亲环境行为下长期经济利益与社会利益非一致性的信效度检验

蔬菜种植户不同类型亲环境行为下长期经济利益与社会利益非一致性的因子分析结果如表 3-25 所示。在三种不同类型的土地利用亲环境行为下，长期经济利益与社会利益非一致性分别对应的测量题项，得分全部都通过了 *Bartlett* 球型检验，不同类型亲环境行为下蔬菜种植户长期经济利益与社会利益非一致性对应的 *KMO* 统计量，也全部都在 0.7 以上，因而可对因子进行分析，最终得出很好的因子分析结果。

表 3-25　蔬菜种植户不同亲环境行为下长期经济利益与社会利益非一致性因子分析结果

行为	测量题项	成分	累计解释方差（%）	*Bartlett* 球型检验	*KMO* 统计量
有机肥施用行为	在农业生产投资时，您更倾向于考虑长期经济利益吗？	0.92	86.37	0.00***	0.76
	即使社会利益受损，您也更倾向于考虑长期经济利益吗？	0.91			
	如果您只能在社会利益与长期经济利益中择其一时，您还是会倾向于选择长期经济利益吗？	0.93			

（续）

行为	测量题项	成分	累计解释方差（%）	*Bartlett* 球型检验	*KMO* 统计量
绿色农药施用行为	在农业生产投资时，您更倾向于考虑长期经济利益吗？	0.91	85.72	0.00***	0.75
	即使社会利益受损，您也更倾向于考虑长期经济利益吗？	0.95			
	如果您只能在社会利益与长期经济利益中择其一时，您还是会倾向于选择长期经济利益吗？	0.90			
秸秆还田行为	在农业生产投资时，您更倾向于考虑长期经济利益吗？	0.92	84.72	0.00***	0.78
	即使社会利益受损，您也更倾向于考虑长期经济利益吗？	0.95			
	如果您只能在社会利益与长期经济利益中择其一时，您还是会倾向于选择长期经济利益吗？	0.91			

注：表中的 *** 表示1%的显著性水平。

对蔬菜种植户在不同类型亲环境行为下长期经济利益与社会利益非一致性的测量题项，分别进行信度与收敛效度检验。根据表3-26中的结果可知，在蔬菜种植户的农户样本中，在三类不同的土地利用亲环境行为下，长期经济利益与社会利益非一致性对应的 *Cronbach's* α 系数值和 *AVE* 值均较好，对蔬菜种植户不同类型亲环境行为下长期经济利益与社会利益非一致性的测量题项也具有较好的组成信度与收敛效度。

表3-26 蔬菜种植户不同类型亲环境行为下长期经济利益与社会利益非一致性效度检验结果

行为	测量题项	因素负荷量	*Cronbach's* α 系数	*AVE*
有机肥施用行为	在农业生产投资时，您更倾向于考虑长期经济利益吗？	0.91	0.90	0.79
	即使社会利益受损，您也更倾向于考虑长期经济利益吗？	0.89		
	如果您只能在社会利益与长期经济利益中择其一时，您还是会倾向于选择长期经济利益吗？	0.89		

（续）

行为	测量题项	因素负荷量	*Cronbach's α* 系数	*AVE*
绿色农药施用行为	在农业生产投资时，您更倾向于考虑长期经济利益吗？	0.90	0.92	0.79
	即使社会利益受损，您也更倾向于考虑长期经济利益吗？	0.91		
	如果您只能在社会利益与长期经济利益中择其一时，您还是会倾向于选择长期经济利益吗？	0.88		
秸秆还田行为	在农业生产投资时，您更倾向于考虑长期经济利益吗？	0.91	0.92	0.78
	即使社会利益受损，您也更倾向于考虑长期经济利益吗？	0.92		
	如果您只能在社会利益与长期经济利益中择其一时，您还是会倾向于选择长期经济利益吗？	0.89		

三、农户长期经济利益与社会利益非一致性描述性统计

（一）全样本农户长期经济利益与社会利益非一致性

全样本农户不同类型亲环境行为下长期经济利益与社会利益非一致性的描述性统计如下。在有机肥施用行为下，长期经济利益与社会利益非一致性对应的三个测量题项“在农业生产投资时，您更倾向于考虑长期经济利益吗？”“即使社会利益受损，您也更倾向于考虑长期经济利益吗？”“如果您只能在社会利益与长期经济利益中择其一时，您还是会倾向于选择长期经济利益吗？”的均值分别为 3.36、3.35 和 3.31；在绿色农药施用行为下，长期经济利益与社会利益非一致性对应的三个测量题项“在农业生产投资时，您更倾向于考虑长期经济利益吗？”“即使社会利益受损，您也更倾向于考虑长期经济利益吗？”“如果您只能在社会利益与长期经济利益中择其一时，您还是会倾向于选择长期经济利益吗？”的均值分别为 3.46、3.45 和 3.42；在秸秆还田行为下，长期经济利益与社会利益非一致性对应的三个测量题项“在农业生产投资时，您更倾向于考虑长期经济利益吗？”“即使社会利益受损，您也更倾向于考虑长期经济利益吗？”“如果您只能在社会利益与长期经济利益中择其一时，您还是会倾向于选择长期经济利益吗？”的均值分别为 3.36、3.32 和 3.30。整体而言，不同类型亲环境行为下全样本农户长期经济利益与社会利益非一致性的均值均处

于中等水平以上（表 3－27）。

表 3－27　全样本农户长期经济利益与社会利益非一致性

行为	测量题项	均值	标准差	最小值	最大值
有机肥施用行为	在农业生产投资时，您更倾向于考虑长期经济利益吗？	3.36	0.89	1.00	5.00
	即使社会利益受损，您也更倾向于考虑长期经济利益吗？	3.35	1.03	1.00	5.00
	如果您只能在社会利益与长期经济利益中择其一时，您还是会倾向于选择长期经济利益吗？	3.31	0.99	1.00	5.00
绿色农药施用行为	在农业生产投资时，您更倾向于考虑长期经济利益吗？	3.46	0.82	1.00	5.00
	即使社会利益受损，您也更倾向于考虑长期经济利益吗？	3.45	0.79	1.00	5.00
	如果您只能在社会利益与长期经济利益中择其一时，您还是会倾向于选择长期经济利益吗？	3.42	0.81	1.00	5.00
秸秆还田行为	在农业生产投资时，您更倾向于考虑长期经济利益吗？	3.36	1.01	1.00	5.00
	即使社会利益受损，您也更倾向于考虑长期经济利益吗？	3.32	1.02	1.00	5.00
	如果您只能在社会利益与长期经济利益中择其一时，您还是会倾向于选择长期经济利益吗？	3.30	1.02	1.00	5.00

（二）粮食种植户长期经济利益与社会利益非一致性

粮食种植户不同类型亲环境行为下长期经济利益与社会利益非一致性的描述性统计如表 3－28 所示。在有机肥施用行为下，长期经济利益与社会利益非一致性对应的三个测量题项“在农业生产投资时，您更倾向于考虑长期经济利益吗？”“即使社会利益受损，您也更倾向于考虑长期经济利益吗？”“如果您只能在社会利益与长期经济利益中择其一时，您还是会倾向于选择长期经济利益吗？”的均值分别为 3.19、3.17 和 3.18，略高于中等水平；在绿色农药施用行为下，长期经济利益与社会利益非一致性对应的三个测量题项“在农业生产投资时，您更倾向于考虑长期经济利益吗？”“即使社会利益受损，您也更倾向于考虑长期经济利益吗？”“如果您只能在社会利益与长期经济利益中择其一时，您还是会倾向于选择长期经济利益吗？”的均值分别为 3.24、3.26 和 3.29；在秸秆还田行为下，长期经济利益与社会利益非一致性对应的三个测量题项“在农业生产投资时，您更倾向于考虑长期经济利益吗？”“即使社会利益受损，您也更倾向于考虑长期经济利益吗？”“如果您只能在社会利益与长期经济利益中择其一时，您还是会倾向于选择长期经济利益吗？”的均值分别为 3.46、3.49 和 3.45。

表 3-28　粮食种植户长期经济利益与社会利益非一致性

行为	测量题项	均值	标准差	最小值	最大值
有机肥施用行为	在农业生产投资时，您更倾向于考虑长期经济利益吗？	3.19	0.93	1.00	5.00
	即使社会利益受损，您也更倾向于考虑长期经济利益吗？	3.17	1.02	1.00	5.00
	如果您只能在社会利益与长期经济利益中择其一时，您还是会倾向于选择长期经济利益吗？	3.18	1.01	1.00	5.00
绿色农药施用行为	在农业生产投资时，您更倾向于考虑长期经济利益吗？	3.24	0.76	1.00	5.00
	即使社会利益受损，您也更倾向于考虑长期经济利益吗？	3.26	0.78	1.00	5.00
	如果您只能在社会利益与长期经济利益中择其一时，您还是会倾向于选择长期经济利益吗？	3.29	0.82	1.00	5.00
秸秆还田行为	在农业生产投资时，您更倾向于考虑长期经济利益吗？	3.46	1.01	1.00	5.00
	即使社会利益受损，您也更倾向于考虑长期经济利益吗？	3.49	1.05	1.00	5.00
	如果您只能在社会利益与长期经济利益中择其一时，您还是会倾向于选择长期经济利益吗？	3.45	1.07	1.00	5.00

（三）蔬菜种植户长期经济利益与社会利益非一致性

蔬菜种植户不同类型亲环境行为下长期经济利益与社会利益非一致性的描述性统计如表 3-29 所示。在有机肥施用行为下，长期经济利益与社会利益非一致性对应的三个测量题项“在农业生产投资时，您更倾向于考虑长期经济利益吗？”“即使社会利益受损，您也更倾向于考虑长期经济利益吗？”“如果您只能在社会利益与长期经济利益中择其一时，您还是会倾向于选择长期经济利益吗?”的均值分别为 3.52、3.54 和 3.52；在绿色农药施用行为下，长期经济利益与社会利益非一致性对应的三个测量题项“在农业生产投资时，您更倾向于考虑长期经济利益吗?”“即使社会利益受损，您也更倾向于考虑长期经济利益吗?”“如果您只能在社会利益与长期经济利益中择其一时，您还是会倾向于选择长期经济利益吗?”的均值分别为 3.66、3.62 和 3.65；在秸秆还田行为下，长期经济利益与社会利益非一致性对应的三个测量题项“在农业生产投资时，您更倾向于考虑长期经济利益吗?”“即使社会利益受损，您也更倾向于考虑长期经济利益吗?”“如果您只能在社会利益与长期经济利益中择其一时，您还是会倾向于选择长期经济利益吗?”的均值分别为 3.25、3.26 和 3.24。

表 3-29　蔬菜种植户长期经济利益与社会利益非一致性

行为	测量题项	均值	标准差	最小值	最大值
有机肥施用行为	在农业生产投资时，您更倾向于考虑长期经济利益吗?	3.52	0.88	1.00	5.00
	即使社会利益受损，您也更倾向于考虑长期经济利益吗?	3.54	0.91	1.00	5.00
	如果您只能在社会利益与长期经济利益中择其一时，您还是会倾向于选择长期经济利益吗?	3.52	0.89	1.00	5.00
绿色农药施用行为	在农业生产投资时，您更倾向于考虑长期经济利益吗?	3.66	0.78	1.00	5.00
	即使社会利益受损，您也更倾向于考虑长期经济利益吗?	3.62	0.72	1.00	5.00
	如果您只能在社会利益与长期经济利益中择其一时，您还是会倾向于选择长期经济利益吗?	3.65	0.74	1.00	5.00
秸秆还田行为	在农业生产投资时，您更倾向于考虑长期经济利益吗?	3.25	0.97	1.00	5.00
	即使社会利益受损，您也更倾向于考虑长期经济利益吗?	3.26	0.91	1.00	5.00
	如果您只能在社会利益与长期经济利益中择其一时，您还是会倾向于选择长期经济利益吗?	3.24	0.92	1.00	5.00

四、粮食种植户、蔬菜种植户长期经济利益与社会利益非一致性差异分析

不同类型亲环境行为下粮食、蔬菜种植户长期经济利益与社会利益非一致性差异见表3-30。

表3-30　不同类型亲环境行为下粮食、蔬菜种植户长期经济利益与社会利益非一致性差异

行为	测量题项	粮食种植户均值	蔬菜种植户均值	T 统计量
有机肥施用行为	在农业生产投资时，您更倾向于考虑长期经济利益吗？	3.52	3.19	−6.65***
	即使社会利益受损，您也更倾向于考虑长期经济利益吗？	3.51	3.18	−6.12***
	如果您只能在社会利益与长期经济利益中择其一时，您还是会倾向于选择长期经济利益吗？	3.50	3.15	−6.43***
	有机肥施用行为下的农户长期经济利益与社会利益非一致性。	3.51	3.17	−6.36***
绿色农药施用行为	在农业生产投资时，您更倾向于考虑长期经济利益吗？	3.60	3.25	−8.72***
	即使社会利益受损，您也更倾向于考虑长期经济利益吗？	3.64	3.24	−8.19***
	如果您只能在社会利益与长期经济利益中择其一时，您还是会倾向于选择长期经济利益吗？	3.62	3.26	−8.58***
	绿色农药施用行为下的农户长期经济利益与社会利益非一致性。	3.62	3.25	−8.62***
秸秆还田行为	在农业生产投资时，您更倾向于考虑长期经济利益吗？	3.24	3.41	3.28***
	即使社会利益受损，您也更倾向于考虑长期经济利益吗？	3.22	3.42	3.19***
	如果您只能在社会利益与长期经济利益中择其一时，您还是会倾向于选择长期经济利益吗？	3.25	3.43	3.18***
	秸秆还田行为下的农户长期经济利益与社会利益非一致性。	3.23	3.42	3.24***

注：表中的***表示1%的显著性水平。

第五节　农户短期经济利益与社会利益非一致性的测度

一、测量变量说明

农户对于土地利用亲环境行为的短期经济利益与社会利益非一致性，是指农户在农业生产和土地利用过程中，其所感知到的对短期经济利益与社会利益诉求的差异，与农户长期经济利益与社会利益非一致性的测量方式类似，对于农户短期经济利益与社会利益非一致性的测量亦分别针对本书所研究的农户对三类土地利用亲环境行为进行分别设计，同时，为避免单个测量题项可能会导致的结果偏差，本小节也分别采用三个题项对农户在不同类型亲环境行为下的短期经济利益与社会利益非一致性情况进行测量，具体通过农户对以下陈述的同意程度来体现："在农业生产投资时，您更倾向于考虑短期经济利益吗？非常不同意～非常同意，1～5"；"即使社会利益受损，您也更倾向于考虑短期经济利益吗？非常不同意～非常同意，1～5"；"如果您只能在社会利益与短期经济利益中择其一时，您还是会倾向于选择短期经济利益吗？非常不同意～非常同意，1～5"。

二、信度与效度检验

（一）粮食种植户不同类型亲环境行为下短期经济利益与社会利益非一致性的信效度检验

由表 3－31 可知，在粮食种植户的农户样本中，在三类不同类型的土地利用亲环境行为下，短期经济利益与社会利益非一致性分别对应的测量题项均通过 *Bartlett* 球型检验，说明不同类型亲环境行为下短期经济利益与社会利益非一致性对应的测量题项间具有较强的相关性，可以进行因子分析，且不同类型亲环境行为下短期经济利益与社会利益非一致性对应的 *KMO* 统计量均在 0.7 以上，说明不同类型亲环境行为下短期经济利益与社会利益非一致性各测量题项间可进行因子分析。粮食种植户不同类型亲环境行为下短期经济利益与社会利益非一致性效度检验结果见表 3－32。

表 3-31　粮食种植户不同类型亲环境行为下短期经济利益与社会利益非一致性因子分析结果

行为	测量题项	成分	累计解释方差（%）	*Bartlett* 球型检验	*KMO* 统计量
有机肥施用行为	在农业生产投资时，您更倾向于考虑短期经济利益吗？	0.89	81.65	0.00***	0.74
	即使社会利益受损，您也更倾向于考虑短期经济利益吗？	0.90			
	如果您只能在社会利益与短期经济利益中择其一时，您还是会倾向于选择短期经济利益吗？	0.91			
绿色农药施用行为	在农业生产投资时，您更倾向于考虑短期经济利益吗？	0.90	81.68	0.00***	0.75
	即使社会利益受损，您也更倾向于考虑短期经济利益吗？	0.93			
	如果您只能在社会利益与短期经济利益中择其一时，您还是会倾向于选择短期经济利益吗？	0.88			
秸秆还田行为	在农业生产投资时，您更倾向于考虑短期经济利益吗？	0.91	87.95	0.00***	0.78
	即使社会利益受损，您也更倾向于考虑短期经济利益吗？	0.95			
	如果您只能在社会利益与短期经济利益中择其一时，您还是会倾向于选择短期经济利益吗？	0.94			

注：表中的 *** 表示 1%的显著性水平。

表 3-32　粮食种植户不同类型亲环境行为下短期经济利益与社会利益非一致性效度检验结果

行为	测量题项	因素负荷量	*Cronbach's α* 系数	*AVE*
有机肥施用行为	在农业生产投资时，您更倾向于考虑短期经济利益吗？	0.86	0.88	0.73
	即使社会利益受损，您也更倾向于考虑短期经济利益吗？	0.85		
	如果您只能在社会利益与短期经济利益中择其一时，您还是会倾向于选择短期经济利益吗？	0.82		

（续）

行为	测量题项	因素负荷量	*Cronbach's α* 系数	*AVE*
绿色农药施用行为	在农业生产投资时，您更倾向于考虑短期经济利益吗？	0.88	0.89	0.74
	即使社会利益受损，您也更倾向于考虑短期经济利益吗？	0.86		
	如果您只能在社会利益与短期经济利益中择其一时，您还是会倾向于选择短期经济利益吗？	0.79		
秸秆还田行为	在农业生产投资时，您更倾向于考虑短期经济利益吗？	0.90	0.91	0.84
	即使社会利益受损，您也更倾向于考虑短期经济利益吗？	0.92		
	如果您只能在社会利益与短期经济利益中择其一时，您还是会倾向于选择短期经济利益吗？	0.90		

（二）蔬菜种植户不同类型亲环境行为下短期经济利益与社会利益非一致性的信效度检验

蔬菜种植户不同类型亲环境行为下短期经济利益与社会利益非一致性因子分析结果见表 3-33。

表 3-33 蔬菜种植户不同类型亲环境行为下短期经济利益与社会利益非一致性因子分析结果

行为	测量题项	成分	累计解释方差（%）	*Bartlett* 球型检验	*KMO* 统计量
有机肥施用行为	在农业生产投资时，您更倾向于考虑短期经济利益吗？	0.90	86.10	0.00***	0.76
	即使社会利益受损，您也更倾向于考虑短期经济利益吗？	0.92			
	如果您只能在社会利益与短期经济利益中择其一时，您还是会倾向于选择短期经济利益吗？	0.91			
绿色农药施用行为	在农业生产投资时，您更倾向于考虑短期经济利益吗？	0.91	85.71	0.00***	0.74
	即使社会利益受损，您也更倾向于考虑短期经济利益吗？	0.93			
	如果您只能在社会利益与短期经济利益中择其一时，您还是会倾向于选择短期经济利益吗？	0.92			

（续）

行为	测量题项	成分	累计解释方差（%）	*Bartlett* 球型检验	*KMO* 统计量
秸秆还田行为	在农业生产投资时，您更倾向于考虑短期经济利益吗？	0.92	84.45	0.00***	0.73
	即使社会利益受损，您也更倾向于考虑短期经济利益吗？	0.95			
	如果您只能在社会利益与短期经济利益中择其一时，您还是会倾向于选择短期经济利益吗？	0.93			

注：表中的 *** 表示 1%的显著性水平。

根据表 3-34 中的结果可知，在蔬菜种植户的农户样本中，在有机肥施用行为、绿色农药施用行为和秸秆还田行为这三类不同的土地利用亲环境行为下，短期经济利益与社会利益非一致性对应的 *Cronbach's α* 系数值和 *AVE* 值均较好，表明对蔬菜种植户不同类型土地利用亲环境行为下短期经济利益与社会利益非一致性的测量题项同时具有较好的组成信度与收敛效度。

表 3-34　蔬菜种植户不同类型亲环境行为下短期经济利益与社会利益非一致性效度检验结果

行为	测量题项	因素负荷量	*Cronbach's α* 系数	*AVE*
有机肥施用行为	在农业生产投资时，您更倾向于考虑短期经济利益吗？	0.88	0.90	0.79
	即使社会利益受损，您也更倾向于考虑短期经济利益吗？	0.91		
	如果您只能在社会利益与短期经济利益中择其一时，您还是会倾向于选择短期经济利益吗？	0.89		
绿色农药施用行为	在农业生产投资时，您更倾向于考虑短期经济利益吗？	0.90	0.91	0.79
	即使社会利益受损，您也更倾向于考虑短期经济利益吗？	0.91		
	如果您只能在社会利益与短期经济利益中择其一时，您还是会倾向于选择短期经济利益吗？	0.88		
秸秆还田行为	在农业生产投资时，您更倾向于考虑短期经济利益吗？	0.91	0.92	0.78
	即使社会利益受损，您也更倾向于考虑短期经济利益吗？	0.92		
	如果您只能在社会利益与短期经济利益中择其一时，您还是会倾向于选择短期经济利益吗？	0.88		

三、农户短期经济利益与社会利益非一致性描述性统计

(一) 全样本农户短期经济利益与社会利益非一致性

全样本农户不同类型亲环境行为下短期经济利益与社会利益非一致性的描述性统计如下表3-35所示。在有机肥施用行为下，短期经济利益与社会利益非一致性对应的三个测量题项“在农业生产投资时，您更倾向于考虑短期经济利益吗?”“即使社会利益受损，您也更倾向于考虑短期经济利益吗?”“如果您只能在社会利益与短期经济利益中择其一时，您还是会倾向于选择短期经济利益吗?”的均值分别为3.36、3.35和3.33；在绿色农药施用行为下，短期经济利益与社会利益非一致性对应的三个测量题项“在农业生产投资时，您更倾向于考虑短期经济利益吗?”“即使社会利益受损，您也更倾向于考虑短期经济利益吗?”“如果您只能在社会利益与短期经济利益中择其一时，您还是会倾向于选择短期经济利益吗?”的均值分别为3.46、3.44和3.41；在秸秆还田行为下，短期经济利益与社会利益非一致性对应的三个测量题项“在农业生产投资时，您更倾向于考虑短期经济利益吗?”“即使社会利益受损，您也更倾向于考虑短期经济利益吗?”“如果您只能在社会利益与短期经济利益中择其一时，您还是会倾向于选择短期经济利益吗?”的均值分别为3.36、3.34和3.32。整体而言，不同类型亲环境行为下全样本农户短期经济利益与社会利益非一致性的均值均处于中等水平以上。

表3-35　全样本农户短期经济利益与社会利益非一致性

行为	测量题项	均值	标准差	最小值	最大值
有机肥施用行为	在农业生产投资时，您更倾向于考虑短期经济利益吗?	3.36	0.89	1.00	5.00
	即使社会利益受损，您也更倾向于考虑短期经济利益吗?	3.35	1.04	1.00	5.00
	如果您只能在社会利益与短期经济利益中择其一时，您还是会倾向于选择短期经济利益吗?	3.33	0.99	1.00	5.00
绿色农药施用行为	在农业生产投资时，您更倾向于考虑短期经济利益吗?	3.46	0.80	1.00	5.00
	即使社会利益受损，您也更倾向于考虑短期经济利益吗?	3.44	0.79	1.00	5.00
	如果您只能在社会利益与短期经济利益中择其一时，您还是会倾向于选择短期经济利益吗?	3.41	0.84	1.00	5.00

（续）

行为	测量题项	均值	标准差	最小值	最大值
秸秆还田行为	在农业生产投资时，您更倾向于考虑短期经济利益吗？	3.36	1.03	1.00	5.00
	即使社会利益受损，您也更倾向于考虑短期经济利益吗？	3.34	1.02	1.00	5.00
	如果您只能在社会利益与短期经济利益中择其一时，您还是会倾向于选择短期经济利益吗？	3.32	1.04	1.00	5.00

（二）粮食种植户短期经济利益与社会利益非一致性

粮食种植户不同类型亲环境行为下短期经济利益与社会利益非一致性的描述性统计如表 3-36 所示。在有机肥施用行为下，短期经济利益与社会利益非一致性对应的三个测量题项“在农业生产投资时，您更倾向于考虑短期经济利益吗?”“即使社会利益受损，您也更倾向于考虑短期经济利益吗?”“如果您只能在社会利益与短期经济利益中择其一时，您还是会倾向于选择短期经济利益吗?”的均值分别为 3.17、3.18 和 3.17，略高于中等水平；在绿色农药施用行为下，短期经济利益与社会利益非一致性对应的三个测量题项“在农业生产投资时，您更倾向于考虑短期经济利益吗?”“即使社会利益受损，您也更倾向于考虑短期经济利益吗?”“如果您只能在社会利益与短期经济利益中择其一时，您还是会倾向于选择短期经济利益吗?”的均值分别为 3.25、3.24 和 3.26；在秸秆还田行为下，短期经济利益与社会利益非一致性对应的三个测量题项“在农业生产投资时，您更倾向于考虑短期经济利益吗?”“即使社会利益受损，您也更倾向于考虑短期经济利益吗?”“如果您只能在社会利益与短期经济利益中择其一时，您还是会倾向于选择短期经济利益吗?”的均值分别为 3.47、3.45 和 3.44。

表 3-36　粮食种植户短期经济利益与社会利益非一致性

行为	测量题项	均值	标准差	最小值	最大值
有机肥施用行为	在农业生产投资时，您更倾向于考虑短期经济利益吗？	3.17	0.91	1.00	5.00
	即使社会利益受损，您也更倾向于考虑短期经济利益吗？	3.18	1.02	1.00	5.00
	如果您只能在社会利益与短期经济利益中择其一时，您还是会倾向于选择短期经济利益吗？	3.17	0.97	1.00	5.00

（续）

行为	测量题项	均值	标准差	最小值	最大值
绿色农药施用行为	在农业生产投资时，您更倾向于考虑短期经济利益吗？	3.25	0.77	1.00	5.00
	即使社会利益受损，您也更倾向于考虑短期经济利益吗？	3.24	0.76	1.00	5.00
	如果您只能在社会利益与短期经济利益中择其一时，您还是会倾向于选择短期经济利益吗？	3.26	0.81	1.00	5.00
秸秆还田行为	在农业生产投资时，您更倾向于考虑短期经济利益吗？	3.47	1.02	1.00	5.00
	即使社会利益受损，您也更倾向于考虑短期经济利益吗？	3.45	1.04	1.00	5.00
	如果您只能在社会利益与短期经济利益中择其一时，您还是会倾向于选择短期经济利益吗？	3.44	1.03	1.00	5.00

（三）蔬菜种植户短期经济利益与社会利益非一致性

蔬菜种植户不同类型亲环境行为下短期经济利益与社会利益非一致性的描述性统计如表 3-37 所示。在有机肥施用行为下，短期经济利益与社会利益非一致性对应的三个测量题项“在农业生产投资时，您更倾向于考虑短期经济利益吗？”“即使社会利益受损，您也更倾向于考虑短期经济利益吗？”“如果您只能在社会利益与短期经济利益中择其一时，您还是会倾向于选择短期经济利益吗？”的均值分别为 3.52、3.53 和 3.52；在绿色农药施用行为下，短期经济利益与社会利益非一致性对应的三个测量题项“在农业生产投资时，您更倾向于考虑短期经济利益吗？”“即使社会利益受损，您也更倾向于考虑短期经济利益吗？”“如果您只能在社会利益与短期经济利益中择其一时，您还是会倾向于选择短期经济利益吗？”的均值分别为 3.64、3.63 和 3.61；在秸秆还田行为下，短期经济利益与社会利益非一致性对应的三个测量题项“在农业生产投资时，您更倾向于考虑短期经济利益吗？”“即使社会利益受损，您也更倾向于考虑短期经济利益吗？”“如果您只能在社会利益与短期经济利益中择其一时，您还是会倾向于选择短期经济利益吗？”的均值分别为 3.27、3.26 和 3.24。

表 3-37　蔬菜种植户短期经济利益与社会利益非一致性

行为	测量题项	均值	标准差	最小值	最大值
有机肥施用行为	在农业生产投资时，您更倾向于考虑短期经济利益吗？	3.52	0.90	1.00	5.00
	即使社会利益受损，您也更倾向于考虑短期经济利益吗？	3.53	0.91	1.00	5.00
	如果您只能在社会利益与短期经济利益中择其一时，您还是会倾向于选择短期经济利益吗？	3.52	0.88	1.00	5.00
绿色农药施用行为	在农业生产投资时，您更倾向于考虑短期经济利益吗？	3.64	0.75	1.00	5.00
	即使社会利益受损，您也更倾向于考虑短期经济利益吗？	3.63	0.73	1.00	5.00
	如果您只能在社会利益与短期经济利益中择其一时，您还是会倾向于选择短期经济利益吗？	3.61	0.72	1.00	5.00
秸秆还田行为	在农业生产投资时，您更倾向于考虑短期经济利益吗？	3.27	0.97	1.00	5.00
	即使社会利益受损，您也更倾向于考虑短期经济利益吗？	3.26	0.91	1.00	5.00
	如果您只能在社会利益与短期经济利益中择其一时，您还是会倾向于选择短期经济利益吗？	3.24	0.92	1.00	5.00

四、粮食种植户、蔬菜种植户短期经济利益与社会利益非一致性差异分析

不同类型亲环境行为下粮食、蔬菜种植户短期经济利益与社会利益非一致性差异见表 3-38。

表 3-38　不同类型亲环境行为下粮食、蔬菜种植户短期经济利益与社会利益非一致性差异

行为	测量题项	粮食种植户均值	蔬菜种植户均值	T 统计量
有机肥施用行为	在农业生产投资时，您更倾向于考虑短期经济利益吗？	3.54	3.19	-6.28^{***}
	即使社会利益受损，您也更倾向于考虑短期经济利益吗？	3.51	3.18	-6.01^{***}

（续）

行为	测量题项	粮食种植户均值	蔬菜种植户均值	T 统计量
有机肥施用行为	如果您只能在社会利益与短期经济利益中择其一时，您还是会倾向于选择短期经济利益吗？	3.50	3.16	−6.83***
	有机肥施用行为下的农户短期经济利益与社会利益非一致性。	3.52	3.18	−6.49***
绿色农药施用行为	在农业生产投资时，您更倾向于考虑短期经济利益吗？	3.64	3.25	−7.65***
	即使社会利益受损，您也更倾向于考虑短期经济利益吗？	3.62	3.26	−8.21***
	如果您只能在社会利益与短期经济利益中择其一时，您还是会倾向于选择短期经济利益吗？	3.63	3.24	−8.43***
	绿色农药施用行为下的农户短期经济利益与社会利益非一致性。	3.62	3.27	−8.09***
秸秆还田行为	在农业生产投资时，您更倾向于考虑短期经济利益吗？	3.24	3.44	3.26***
	即使社会利益受损，您也更倾向于考虑短期经济利益吗？	3.25	3.43	3.21***
	如果您只能在社会利益与短期经济利益中择其一时，您还是会倾向于选择短期经济利益吗？	3.23	3.40	3.19***
	秸秆还田行为下的农户短期经济利益与社会利益非一致性。	3.24	3.42	3.22***

注：表中的 *** 表示1%的显著性水平。

第六节　本章小结

本章针对全样本农户、粮食种植户和蔬菜种植户的二元利益非一致性水平进行测量与统计。结果表明，对于长期与短期经济利益非一致性维度来说，在有机肥施用行为下，两种不同类型农户长期与短期经济利益非一致性存在显著差异。在绿色农药施用行为下，两种不同类型农户长期与短期经济利益非一致性也存在显著差异。在秸秆还田行为下，两种不同类型农户长期与短期经济利益非一致性亦存在显著差异。

对于长期经济利益与社会利益非一致性维度来说，在有机肥施用行为下，两种不同类型农户长期经济利益与社会利益非一致性存在显著差异。在绿色农药施用行为下，两种不同类型农户长期经济利益与社会利益非一致性也存在显著差异。而在秸秆还田行为下，两种不同类型农户长期经济利益与社会利益非一致性亦存在显著差异。

对于短期经济利益与社会利益非一致性维度来说，在不同类型亲环境行为下，两种不同类型农户的短期经济利益与社会利益非一致性无论从各测量题项还是整体来看，均存在显著差异；而在秸秆还田行为上，粮食种植户的短期经济利益与社会利益非一致性则显著低于蔬菜种植户。

第四章　二元利益非一致性对农户土地利用亲环境意愿的影响

第一节　农户土地利用亲环境意愿现状

一、农户土地利用亲环境意愿的测量及信度效度检验

（一）农户土地利用亲环境意愿的测量

（二）信度与效度检验

1. 粮食种植户不同类型亲环境行为下土地利用亲环境意愿的信效度检验

粮食种植户不同类型亲环境行为下土地利用亲环境意愿的因子分析结果和效度检验结果见表 4-1 和表 4-2。

表 4-1　粮食种植户不同类型亲环境行为下土地利用亲环境意愿的因子分析结果

行为	测量题项	成分	累计解释方差（%）	*Bartlett* 球型检验	*KMO* 统计量
有机肥施用行为	您愿意施用有机肥吗？	0.88	82.25	0.00***	0.73
	您有意向施用有机肥吗？	0.92			
	您打算施用有机肥吗？	0.91			
绿色农药施用行为	您愿意施用绿色农药吗？	0.93	87.05	0.00***	0.75
	您有意向施用绿色农药吗？	0.92			
	您打算施用绿色农药吗？	0.94			
秸秆还田行为	您愿意进行秸秆还田吗？	0.93	85.51	0.00***	0.74
	您有意向进行秸秆还田吗？	0.95			
	您打算进行秸秆还田吗？	0.90			

注：表中的 *** 表示 1%的显著性水平。

表 4-2 粮食种植户不同类型亲环境行为下土地利用亲环境意愿效度检验结果

行为	测量题项	因素负荷量	*Cronbach's* α 系数	*AVE*
有机肥施用行为	您愿意施用有机肥吗?	0.89	0.88	0.72
	您有意向施用有机肥吗?	0.92		
	您打算施用有机肥吗?	0.78		
绿色农药施用行为	您愿意施用绿色农药吗?	0.91	0.91	0.78
	您有意向施用绿色农药吗?	0.90		
	您打算施用绿色农药吗?	0.89		
秸秆还田行为	您愿意进行秸秆还田吗?	0.92	0.90	0.78
	您有意向进行秸秆还田吗?	0.93		
	您打算进行秸秆还田吗?	0.80		

2. 蔬菜种植户不同类型亲环境行为下土地利用亲环境意愿的信效度检验

蔬菜种植户不同类型亲环境行为下土地利用亲环境意愿的因子分析结果和效度检验结果如表 4-3 和表 4-4 所示。

表 4-3 蔬菜种植户不同类型亲环境行为下土地利用亲环境意愿的因子分析结果

行为	测量题项	成分	累计解释方差（%）	*Bartlett* 球型检验	*KMO* 统计量
有机肥施用行为	您愿意施用有机肥吗?	0.93	87.61	0.00***	0.75
	您有意向施用有机肥吗?	0.92			
	您打算施用有机肥吗?	0.94			
绿色农药施用行为	您愿意施用绿色农药吗?	0.93	82.59	0.00***	0.74
	您有意向施用绿色农药吗?	0.91			
	您打算施用绿色农药吗?	0.90			
秸秆还田行为	您愿意进行秸秆还田吗?	0.89	80.96	0.00***	0.73
	您有意向进行秸秆还田吗?	0.92			
	您打算进行秸秆还田吗?	0.88			

注：表中的 *** 表示 1%的显著性水平。

表 4-4　蔬菜种植户不同类型亲环境行为下土地利用亲环境意愿效度检验结果

行为	测量题项	因素负荷量	*Cronbach's α* 系数	*AVE*
有机肥施用行为	您愿意施用有机肥吗?	0.93	0.92	0.81
	您有意向施用有机肥吗?	0.92		
	您打算施用有机肥吗?	0.85		
绿色农药施用行为	您愿意施用绿色农药吗?	0.93	0.91	0.75
	您有意向施用绿色农药吗?	0.89		
	您打算施用绿色农药吗?	0.81		
秸秆还田行为	您愿意进行秸秆还田吗?	0.82	0.89	0.79
	您有意向进行秸秆还田吗?	0.93		
	您打算进行秸秆还田吗?	0.80		

二、农户土地利用亲环境意愿描述性统计及差异分析

（一）全样本农户土地利用亲环境意愿

全样本农户不同类型亲环境行为下土地利用亲环境意愿描述性统计见表 4-5。

表 4-5　全样本农户不同类型亲环境行为下土地利用亲环境意愿描述性统计

行为	测量题项	均值	标准差	最小值	最大值
有机肥施用行为	您愿意施用有机肥吗?	3.26	1.01	1.00	5.00
	您有意向施用有机肥吗?	3.25	0.96	1.00	5.00
	您打算施用有机肥吗?	3.23	0.91	1.00	5.00
绿色农药施用行为	您愿意施用绿色农药吗?	3.45	0.98	1.00	5.00
	您有意向施用绿色农药吗?	3.44	0.93	1.00	5.00
	您打算施用绿色农药吗?	3.43	0.92	1.00	5.00
秸秆还田行为	您愿意进行秸秆还田吗?	3.38	1.12	1.00	5.00
	您有意向进行秸秆还田吗?	3.37	1.13	1.00	5.00
	您打算进行秸秆还田吗?	3.36	1.06	1.00	5.00

（二）粮食种植户土地利用亲环境意愿

粮食种植户不同类型亲环境行为下土地利用亲环境意愿描述性统计见表 4-6。

表 4-6 粮食种植户不同类型亲环境行为下土地利用亲环境意愿描述性统计

行为	测量题项	均值	标准差	最小值	最大值
有机肥施用行为	您愿意施用有机肥吗？	3.18	1.01	1.00	5.00
	您有意向施用有机肥吗？	3.15	0.99	1.00	5.00
	您打算施用有机肥吗？	3.14	0.94	1.00	5.00
绿色农药施用行为	您愿意施用绿色农药吗？	3.38	1.05	1.00	5.00
	您有意向施用绿色农药吗？	3.36	0.98	1.00	5.00
	您打算施用绿色农药吗？	3.32	0.93	1.00	5.00
秸秆还田行为	您愿意进行秸秆还田吗？	3.55	1.03	1.00	5.00
	您有意向进行秸秆还田吗？	3.53	1.12	1.00	5.00
	您打算进行秸秆还田吗？	3.52	1.11	1.00	5.00

（三）蔬菜种植户土地利用亲环境意愿

蔬菜种植户不同类型亲环境行为下土地利用亲环境意愿描述性统计见表 4-7。

表 4-7 蔬菜种植户不同类型亲环境行为下土地利用亲环境意愿描述性统计

行为	测量题项	均值	标准差	最小值	最大值
有机肥施用行为	您愿意施用有机肥吗？	3.38	0.83	1.00	5.00
	您有意向施用有机肥吗？	3.37	0.90	1.00	5.00
	您打算施用有机肥吗？	3.35	0.89	1.00	5.00
绿色农药施用行为	您愿意施用绿色农药吗？	3.56	0.86	1.00	5.00
	您有意向施用绿色农药吗？	3.54	0.85	1.00	5.00
	您打算施用绿色农药吗？	3.52	0.88	1.00	5.00
秸秆还田行为	您愿意进行秸秆还田吗？	3.26	1.13	1.00	5.00
	您有意向进行秸秆还田吗？	3.25	1.12	1.00	5.00
	您打算进行秸秆还田吗？	3.22	1.05	1.00	5.00

（四）粮食种植户和蔬菜种植户土地利用亲环境意愿差异分析

粮食种植户和蔬菜种植户土地利用亲环境意愿差异见表 4-8。

表 4-8　不同类型亲环境行为下粮食、蔬菜种植户土地利用亲环境意愿差异

行为	测量题项	粮食种植户均值	蔬菜种植户均值	T 统计量
有机肥施用行为	您愿意施用有机肥吗？	3.15	3.38	−4.15***
	您有意向施用有机肥吗？	3.14	3.37	−4.23***
	您打算施用有机肥吗？	3.13	3.36	−4.39***
	有机肥施用意愿	3.14	3.37	−4.52***
绿色农药施用行为	您愿意施用绿色农药吗？	3.35	3.56	−3.48***
	您有意向施用绿色农药吗？	3.34	3.55	−3.56***
	您打算施用绿色农药吗？	3.33	3.54	−3.61***
	绿色农药施用意愿	3.34	3.55	−3.74***
秸秆还田行为	您愿意进行秸秆还田吗？	3.54	3.26	4.27***
	您有意向进行秸秆还田吗？	3.53	3.25	4.31***
	您打算进行秸秆还田吗？	3.52	3.24	4.47***
	秸秆还田实施意愿	3.53	3.25	−4.69***

注：表中的 *** 表示 1%的显著性水平。

第二节　变量选取及研究方法

一、变量选取及预期

（一）核心变量

本书中的核心变量为二元利益非一致性变量，包括长期经济利益与短期经济利益非一致性、长期经济利益与社会利益非一致性、短期经济利益与社会利益非一致性。通过前文的理论分析可知，农户对长期经济利益与短期经济利益非一致性的感知程度越强，其对于土地利用亲环境行为的实施意愿可能性越弱；农户对长期经济利益与社会利益非一致性的感知越强，其对于土地利用亲环境行为的实施意愿可能性越弱；农户所倾向的短期经济利益与社会利益非一致性水平越高，其对于土地利用亲环境行为的实施意愿越弱。基于此，预期长期经济利益与短期经济利益非一致性对农户土地利用亲环境意愿的影响方向为负、长期经济利益与社会利益非一致性对农户土地利用亲环境意愿的影响方向为负、短期经济利益与社会利益非一致性对农户土地利用亲环境意愿的影响方向为负。

（二）其他控制变量及预期

变量的选取及预期见表 4－9。

表 4－9　变量的选取及预期

变量类型	变量	测量方式	预期方向
核心变量	长期经济利益与短期经济利益非一致性	李克特五级量表潜变量	—
	长期经济利益与社会利益非一致性	李克特五级量表潜变量	—
	短期经济利益与社会利益非一致性	李克特五级量表潜变量	—
计划行为理论变量	态度	李克特五级量表潜变量	＋
	主观规范	李克特五级量表潜变量	＋
	感知行为控制	李克特五级量表潜变量	＋
个体特征	性别	男＝1；女＝0	＋/—
	年龄	实际年龄（岁）	—
	受教育程度	未上过学＝1；小学＝2；初中＝3；高中或中专＝4；本科或大专及以上＝5	＋
	身体自评健康状况	非常差＝1；差＝2；一般＝3；好＝4；非常好＝5	＋/—
	风险态度	风险偏好＝1；风险中性＝2；风险厌恶＝3	—
	党员	党员＝1；非党员＝0	＋
	村干部	村干部＝1；非村干部＝0	＋
家庭特征	家庭人数	以受访者实际家庭人数为准（人）	＋/—
	农业劳动力人数	以受访者中实际农业劳动力人数为准（人）	＋/—
	家庭收入	以受访者上一年实际家庭收入为准（万元）	＋
	家庭收入类型	以农业收入为主＝1；以非农收入为主＝0	＋
生产特征	是否土地确权	是＝1；否＝0	＋/—
	转入土地面积	以受访者实际转入土地面积为准（亩）	＋/—
	转出土地面积	以受访者实际转出土地面积为准（亩）	＋/—
	土地流转期限	以受访者实际土地流转的年限为准（年）	＋/—
	种植面积	以受访者实际耕种面积为准（亩）	＋/—
	种植块数	以受访者实际拥有的地块数为准（块）	＋/—

（续）

变量类型	变量	测量方式	预期方向
认知特征	居住地与最远地块距离	以受访农户居住地与其最远地块的实际距离为准（千米）	+/−
	地块周边交通状况	非常差=1；差=2；一般=3；好=4；非常好=5	+/−
	亲环境行为及农业环境相关认知	李克特五级量表显变量	+
外部条件因素	是否加入合作社	是=1；否=0	+
	接受农业技术培训的程度	次数非常少=1；次数较少=2；次数一般=3；次数较多=4；次数非常多=5	+
	农业投入成本	李克特五级量表显变量	−
区域	省份	甘肃=1；陕西=2；河北=3；山东=4	+/−

注：表格中的“长期经济利益与短期经济利益非一致性”“长期经济利益与社会利益非一致性”“短期经济利益与社会利益非一致性”“态度”“主观规范”和“感知行为控制”将分别针对本书研究的具体的亲环境行为类型分别进行测量，下同。

二、研究方法

以潜变量形式对因变量即农户的土地利用亲环境意愿进行测量，即通过结构方程模型（SEM）来验证二元利益非一致性（长期经济利益与短期经济利益非一致性、长期经济利益与社会利益非一致性、短期经济利益与社会利益非一致性）对农户土地利用亲环境意愿的影响，公式如下：

$$X=\Lambda x\xi+\delta \tag{4-1}$$

$$Y=\Lambda y\eta+\varepsilon \tag{4-2}$$

$$\eta=B\eta+\Gamma\xi+\zeta \tag{4-3}$$

式中，X 为外生观测变量，在本书中即为长期经济利益与短期经济利益非一致性、长期经济利益与社会利益非一致性、短期经济利益与社会利益非一致性、态度、主观规范和感知行为控制分别对应的测量题项；Λx 为外生观测变量 X 的因素负荷量；ξ 为外生潜变量，在本书中即为长期经济利益与短期经济利益非一致性、长期经济利益与社会利益非一致性、短期经济利益与社会利益非一致性、态度、主观规范和感知行为控制；δ 为外生变量的测量误差；Y 为内生观测变量，在本书中即为农户土地利用亲环境意愿对应的测量题项；Λy 为内生观测变量 Y 的因素负荷量；η 为内生潜变量，在本书中即为农户的土地利用亲环境意愿；ε 为内生变量的测量误差；B 和 Γ 均为路径系数，其中 η 为内生潜变量之间的关系，ξ 为外生潜变量对内生潜变量的影响，在本书中即为长期经济利益与短期经济利益非一致性、长期经济利益与社会利益非一致性、短期经济利益与社会利益非一致性、态度、主观规范和感知行为控制对农户土地利用亲环境意愿的影响；ζ 为结构方程的误差项。

第三节　结果分析

一、二元利益非一致性对农户有机肥施用意愿的影响

由表 4-10 可知，在有机肥施用意愿下，无论是粮食种植户还是蔬菜种植户，核心变量中的二元利益非一致性（长期经济利益与短期经济利益非一致性、长期经济利益与社会利益非一致性、短期经济利益与社会利益非一致性）对其有机肥施用意愿的影响均存在差异。

表 4-10　二元利益非一致性对农户有机肥施用意愿影响的估计结果

影响路径	粮食种植户		蔬菜种植户	
	系数	标准误差	系数	标准误差
长期经济利益与短期经济利益非一致性→农户有机肥施用意愿	−0.245***	0.061	−0.186***	0.032
长期经济利益与社会利益非一致性→农户有机肥施用意愿	−0.168***	0.056	−0.103***	0.035
短期经济利益与社会利益非一致性→农户有机肥施用意愿	−0.248***	0.049	−0.210***	0.036
态度→农户有机肥施用意愿	0.263***	0.065	0.239***	0.061
主观规范→农户有机肥施用意愿	0.329***	0.070	0.112*	0.059
感知行为控制→农户有机肥施用意愿	0.241***	0.051	0.153***	0.037
性别→农户有机肥施用意愿	−0.021	0.062	−0.005	0.051
年龄→农户有机肥施用意愿	−0.121**	0.005	−0.026	0.003
受教育程度→农户有机肥施用意愿	0.039	0.043	0.051	0.031
身体自评健康状况→农户有机肥施用意愿	−0.010	0.038	0.022	0.030
风险态度→农户有机肥施用意愿	0.071	0.061	0.058	0.045
党员→农户有机肥施用意愿	0.082	0.090	−0.049	0.088
村干部→农户有机肥施用意愿	−0.020	0.145	0.014	0.129
家庭人数→农户有机肥施用意愿	0.039	0.028	−0.055	0.021

（续）

影响路径	粮食种植户		蔬菜种植户	
	系数	标准误差	系数	标准误差
农业劳动人数→农户有机肥施用意愿	−0.038	0.042	0.039	0.030
家庭收入→农户有机肥施用意愿	0.152***	0.012	0.207***	0.008
家庭收入类型→农户有机肥施用意愿	−0.025	0.079	0.019	0.056
是否土地确权→农户有机肥施用意愿	0.193***	0.025	0.127***	0.018
转入土地面积→农户有机肥施用意愿	0.172***	0.036	0.185***	0.024
转出土地面积→农户有机肥施用意愿	0.073	0.052	0.059	0.035
土地流转期限→农户有机肥施用意愿	0.156***	0.037	0.141***	0.021
种植面积→农户有机肥施用意愿	0.286***	0.006	−0.043	0.007
种植块数→农户有机肥施用意愿	−0.437***	0.013	−0.127**	0.014
居住地与最远地块距离→农户有机肥施用意愿	−0.030	0.032	0.004	0.036
地块周边交通状况→农户有机肥施用意愿	0.139***	0.038	0.115***	0.031
认知→农户有机肥施用意愿	0.182***	0.031	0.113***	0.028
是否加入合作社→农户有机肥施用意愿	0.019	0.085	0.021	0.071
接受农业技术培训的程度→农户有机肥施用意愿	−0.065	0.029	0.108***	0.024
投入成本→农户有机肥施用意愿	−0.103**	0.024	−0.098**	0.019
区域→农户有机肥施用意愿	0.051	0.022	−0.063	0.020

注：表格中的“认知”是指农户对相较于有机肥，施用普通化肥会加重农业环境污染的认知，表中的“系数”为标准化的回归系数，下同。***、**、*分别表示1%、5%、10%的显著性水平。

具体而言，粮食种植户对与有机肥施用行为有关的长期经济利益与短期经济利益非一致性的感知程度越强，其对于有机肥的施用意愿越弱，即长期经济利益与短期经济利益非一致性会对农户的有机肥施用意愿产生直接的负向影响；粮食种植户对与有机肥施用行为有关的长期经济利益与社会利益非一致性的感知程度越强，其对于有机肥的施用意愿越弱，即长期经济利益与社会利益非一致性会对农户的有机肥施用意愿产生直接的负向影响；粮食种植户对与有机肥施用行为有关的短期经济利益与社会利益非一致性的感知程度越强，其对于有机肥的施用意愿越弱，即短期经济利益与社会利益非一致性会对农户的有机肥施用意愿产生直接的负向影响。

与此类似，蔬菜种植户对与有机肥施用行为有关的长期经济利益与短期经济利益非一致性的感知程度越强，其对于有机肥的施用意愿越弱，即长期经济利益与短期经济利益非一致性会对农户的有机肥施用意愿产生直接的负向影响；蔬菜种植户对与有机肥施用行为有关的长期经济利益与社会利益非一致性的感知程度越强，其对于有机肥的施用意愿越弱，即长期经济利益与社会利益非一致性会对农户的有机肥施用意愿产生直接的负向影响；蔬菜种植户对与有机肥施用行为有关的短期经济利益与社会利益非一致性的感知程度越强，其对于有机肥的施用意愿越弱，即短期经济利益与社会利益非一致性会对农户的有机肥施用意愿产生直接的负向影响。

综上二者，表明无论是粮食种植户还是蔬菜种植户，其长期经济利益与短期经济利益非一致性均会对农户的有机肥施用意愿产生直接的负向影响；长期经济利益与社会利益非一致性均会对农户的有机肥施用意愿产生直接的负向影响；短期经济利益与社会利益非一致性均会对农户的有机肥施用意愿产生直接的负向影响；至此，在有机肥施用意愿下，假设 H1-1、H1-3、H1-5 得证。

与此同时，无论是粮食种植户还是蔬菜种植户，在长期经济利益与短期经济利益非一致性、长期经济利益与社会利益非一致性、短期经济利益与社会利益非一致性这三个核心变量中，短期经济利益与社会利益非一致性对农户有机肥施用意愿影响的回归系数的值相对最大，其次为长期经济利益与短期经济利益非一致性，而长期经济利益与社会利益非一致性对农户有机肥施用意愿影响的回归系数的值则相对最小，说明三者中短期经济利益与社会利益非一致性对农户有机肥施用意愿的直接负向影响作用相对最大，其次为长期经济利益与短期经济利益非一致性，而长期经济利益与社会利益非一致性对农户有机肥施用意愿的直接负向影响作用则相对最小。

二、二元利益非一致性对农户绿色农药施用意愿的影响

表 4-11　二元利益非一致性对农户绿色农药施用意愿影响的估计结果

影响路径	粮食种植户		蔬菜种植户	
	系数	标准误差	系数	标准误差
长期经济利益与短期经济利益非一致性→农户绿色农药施用意愿	−0.284***	0.045	−0.228***	0.030
长期经济利益与社会利益非一致性→农户绿色农药施用意愿	−0.273***	0.042	−0.193***	0.029
短期经济利益与社会利益非一致性→农户绿色农药施用意愿	−0.312***	0.047	−0.236***	0.034
态度→农户绿色农药施用意愿	0.160***	0.070	0.162***	0.047
主观规范→农户绿色农药施用意愿	0.102*	0.071	0.204***	0.040

（续）

影响路径	粮食种植户		蔬菜种植户	
	系数	标准误差	系数	标准误差
感知行为控制→农户绿色农药施用意愿	0.180***	0.048	0.241***	0.035
性别→农户绿色农药施用意愿	0.015	0.055	0.024	0.048
年龄→农户绿色农药施用意愿	0.028	0.003	0.125***	0.003
受教育程度→农户绿色农药施用意愿	0.207***	0.037	−0.022	0.028
身体自评健康状况→农户绿色农药施用意愿	−0.028	0.034	−0.059	0.026
风险态度→农户绿色农药施用意愿	0.054	0.059	−0.032	0.043
党员→农户绿色农药施用意愿	−0.029	0.084	0.019	0.075
村干部→农户绿色农药施用意愿	0.026	0.129	0.006	0.114
家庭人数→农户绿色农药施用意愿	0.051	0.020	0.012	0.017
农业劳动人数→农户绿色农药施用意愿	0.003	0.039	0.130***	0.024
家庭收入→农户绿色农药施用意愿	0.096**	0.011	0.116***	0.007
家庭收入类型→农户绿色农药施用意愿	0.069	0.075	0.034	0.049
是否土地确权→农户绿色农药施用意愿	0.165***	0.024	0.115***	0.020
转入土地面积→农户绿色农药施用意愿	0.123***	0.027	0.136***	0.023
转出土地面积→农户绿色农药施用意愿	0.089	0.045	0.034	0.031
土地流转期限→农户绿色农药施用意愿	0.135***	0.032	0.131***	0.025
种植面积→农户绿色农药施用意愿	−0.027	0.005	−0.054	0.006
种植块数→农户绿色农药施用意愿	0.039	0.016	0.016	0.012
居住地与最远地块距离→农户绿色农药施用意愿	0.019	0.029	−0.052	0.030
地块周边交通状况→农户绿色农药施用意愿	0.004	0.032	0.182***	0.029
认知→农户绿色农药施用意愿	0.103***	0.031	−0.017	0.034
是否加入合作社→农户绿色农药施用意愿	0.015	0.084	0.091***	0.068
接受农业技术培训的程度→农户绿色农药施用意愿	0.009	0.028	−0.136***	0.023
投入成本→农户绿色农药施用意愿	−0.081**	0.021	0.138***	0.018
区域→农户绿色农药施用意愿	−0.030	0.018	0.058	0.019

注：表格中的“认知”是指农户对相较于绿色农药，施用普通农药对农业环境污染的认知。***、**、*分别表示1%、5%、10%的显著性水平。

由表4-11可知，与有机肥施用意愿一致，在绿色农药施用意愿下，无论是粮食种植户还是蔬菜种植户，核心变量中的二元利益非一致性（长期经济利益与短期经济利益非一致性、长期经济利益与社会利益非一致性、短期经济利益与社会利益非一致性）对其绿色农药施用意愿的影响均存在差异。

具体而言，粮食种植户对与绿色农药施用行为有关的长期经济利益与短期经济利益非一致性的感知程度越强，其对于绿色农药的施用意愿越弱，即长期经济利益与短期经济利益非一致性会对农户的绿色农药施用意愿产生直接的负向影响；粮食种植户对与绿色农药施用行为有关的长期经济利益与社会利益非一致性的感知程度越强，其对于绿色农药的施用意愿越弱，即长期经济利益与社会利益非一致性会对农户的绿色农药施用意愿产生直接的负向影响；粮食种植户对与绿色农药施用行为有关的短期经济利益与社会利益非一致性的感知程度越强，其对于绿色农药的施用意愿越弱，即短期经济利益与社会利益非一致性会对农户的绿色农药施用意愿产生直接的负向影响。

与此类似，蔬菜种植户对与绿色农药施用行为有关的长期经济利益与短期经济利益非一致性的感知程度越强，其对于绿色农药的施用意愿越弱，即长期经济利益与短期经济利益非一致性会对农户的绿色农药施用意愿产生直接的负向影响；蔬菜种植户对与有机肥施用行为有关的长期经济利益与社会利益非一致性的感知程度越强，其对于绿色农药的施用意愿越弱，即长期经济利益与社会利益非一致性会对农户的绿色农药施用意愿产生直接的负向影响；蔬菜种植户对与绿色农药施用行为有关的短期经济利益与社会利益非一致性的感知程度越强，其对于绿色农药的施用意愿越弱，即短期经济利益与社会利益非一致性会对农户的绿色农药施用意愿产生直接的负向影响。

综上二者，表明无论是粮食种植户还是蔬菜种植户，其长期经济利益与短期经济利益非一致性均会对农户的绿色农药施用意愿产生直接的负向影响；长期经济利益与社会利益非一致性均会对农户的绿色农药施用意愿产生直接的负向影响；短期经济利益与社会利益非一致性均会对农户的绿色农药施用意愿产生直接的负向影响。至此，在绿色农药施用意愿下，假设 H1－1、H1－3、H1－5 得证。

与此同时，无论是粮食种植户还是蔬菜种植户，在长期经济利益与短期经济利益非一致性、长期经济利益与社会利益非一致性、短期经济利益与社会利益非一致性这三个核心变量中，短期经济利益与社会利益非一致性对农户绿色农药施用意愿影响的回归系数的值最大，其次为长期经济利益与短期经济利益非一致性，而长期经济利益与社会利益非一致性对农户绿色农药施用意愿影响的回归系数的值则最小，说明三者中短期经济利益与社会利益非一致性对农户绿色农药施用意愿的直接负向影响作用最大，其次为长期经济利益与短期经济利益非一致性，而长期经济利益与社会利益非一致性对农户绿色农药施用意愿的直接负向影响作用则最小。

三、二元利益非一致性对农户秸秆还田实施意愿的影响

表 4-12　二元利益非一致性对农户秸秆还田实施意愿影响的估计结果

影响路径	粮食种植户		蔬菜种植户	
	系数	标准误差	系数	标准误差
长期经济利益与短期经济利益非一致性→农户秸秆还田实施意愿	−0.209***	0.036	−0.054	0.035
长期经济利益与社会利益非一致性→农户秸秆还田实施意愿	−0.186***	0.039	−0.031	0.034
短期经济利益与社会利益非一致性→农户秸秆还田实施意愿	−0.304***	0.031	−0.234***	0.043
态度→农户秸秆还田实施意愿	0.147*	0.079	0.155***	0.065
主观规范→农户秸秆还田实施意愿	0.149**	0.072	0.059	0.060
感知行为控制→农户秸秆还田实施意愿	0.188***	0.049	0.158***	0.049
性别→农户秸秆还田实施意愿	0.003	0.063	0.027	0.062
年龄→农户秸秆还田实施意愿	−0.047	0.002	−0.017	0.002
受教育程度→农户秸秆还田实施意愿	0.112**	0.040	0.173***	0.043
身体自评健康状况→农户秸秆还田实施意愿	0.009	0.039	−0.018	0.041
风险态度→农户秸秆还田实施意愿	0.013	0.065	−0.136***	0.042
党员→农户秸秆还田实施意愿	−0.015	0.091	−0.001	0.065
村干部→农户秸秆还田实施意愿	−0.034	0.147	−0.004	0.119
家庭人数→农户秸秆还田实施意愿	−0.039	0.025	−0.031	0.023
农业劳动力人数→农户秸秆还田实施意愿	0.002	0.043	0.005	0.036
家庭收入→农户秸秆还田实施意愿	0.134***	0.012	0.002	0.008
家庭收入类型→农户秸秆还田实施意愿	−0.054	0.078	−0.033	0.067
是否土地确权→农户秸秆还田施用意愿	0.093***	0.037	0.092***	0.024
转入土地面积→农户秸秆还田施用意愿	0.104***	0.029	0.104***	0.021
转出土地面积→农户秸秆还田施用意愿	0.059	0.046	0.054	0.031
土地流转期限→农户秸秆还田施用意愿	0.102***	0.049	0.105***	0.024
种植面积→农户秸秆还田实施意愿	0.120***	0.014	0.007	0.018
种植块数→农户秸秆还田实施意愿	−0.121**	0.031	−0.145***	0.044
居住地与最远地块距离→农户秸秆还田实施意愿	0.018	0.036	0.068	0.042
地块周边交通状况→农户秸秆还田实施意愿	0.072**	0.037	0.181***	0.037
认知→农户秸秆还田实施意愿	0.142***	0.090	0.032	0.090

（续）

影响路径	粮食种植户		蔬菜种植户	
	系数	标准误差	系数	标准误差
是否加入合作社→农户秸秆还田实施意愿	0.038	0.029	−0.019	0.032
接受农业技术培训的程度→农户秸秆还田实施意愿	0.035	0.023	0.102***	0.027
投入成本→农户秸秆还田实施意愿	−0.079**	0.025	−0.017	0.030
区域→农户秸秆还田实施意愿	−0.059	0.021	0.046	0.026

注：表格中的“认知”是指农户对焚烧或随意堆弃秸秆对农业环境污染的认知。***、**、*分别表示1%、5%、10%的显著性水平。

由表4-12可知，与有机肥施用意愿和绿色农药施用意愿一致，在秸秆还田实施意愿下，无论是粮食种植户还是蔬菜种植户，核心变量中的二元利益非一致性（长期经济利益与短期经济利益非一致性、长期经济利益与社会利益非一致性、短期经济利益与社会利益非一致性）对其秸秆还田实施意愿的影响均存在差异。

具体而言，粮食种植户对与秸秆还田实施行为有关的长期经济利益与短期经济利益非一致性的感知程度越强，其对于秸秆还田的实施意愿越弱，即长期经济利益与短期经济利益非一致性会对农户的秸秆还田实施意愿产生直接的负向影响；粮食种植户对与秸秆还田实施行为有关的长期经济利益与社会利益非一致性的感知程度越强，其对于秸秆还田的实施意愿越弱，即长期经济利益与社会利益非一致性会对农户的秸秆还田的实施意愿产生直接的负向影响；粮食种植户对与秸秆还田实施行为有关的短期经济利益与社会利益非一致性的感知程度越强，其对于秸秆还田的实施意愿越弱，即短期经济利益与社会利益非一致性会对农户的秸秆还田实施意愿产生直接的负向影响。

与此不同的是，在秸秆还田实施意愿下，仅在粮食蔬菜种植户中，所有核心变量二元利益非一致性（长期经济利益与短期经济利益非一致性、长期经济利益与社会利益非一致性、短期经济利益与社会利益非一致性）对其秸秆还田实施意愿的影响通过显著性检验，假设H1-1、H1-3、H1-5得证。而在蔬菜种植户中，长期经济利益与短期经济利益非一致性、长期经济利益与社会利益非一致性对其秸秆还田实施意愿的影响未通过显著性检验，假设H1-1、H1-3未能得证。此外，无论是粮食种植户还是蔬菜种植户，短期经济利益与社会利益非一致性对其秸秆还田实施意愿的影响均通过显著性检验，且系数为负，说明短期经济利益与社会利益非一致性会对农户的秸秆还田实施意愿产生显著的负向影响，具体表现为农户所具备的与秸秆还田行为有关的短期经济利益与社会利益非一致性水平越高，其对于秸秆还田的实施意愿也会越弱，即短期经济利益与社会利益非一致性对农户的秸秆还田实施意愿具有直接的负向驱动作用，至此，在秸秆还田实施意愿下，假设 H1－5 得证。

与此同时，无论是粮食种植户还是蔬菜种植户，在长期经济利益与短期经济利益非一致性、长期经济利益与社会利益非一致性、短期经济利益与社会利益非一致性这三个核心变量中，短期经济利益与社会利益非一致性对农户秸秆还田实施意愿影响的回归系数的值最大，其次为长期经济利益与短期经济利益非一致性，而长期经济利益与社会利益非一致性对农户秸秆还田实施意愿影响的回归系数的值则最小，说明三者中短期经济利益与社会利益非一致性对农户秸秆还田实施意愿的直接负向影响作用最大，其次为长期经济利益与短期经济利益非一致性，而长期经济利益与社会利益非一致性对农户秸秆还田实施意愿的直接负向影响作用则最小。

综上所述，除在蔬菜种植户的秸秆还田实施意愿模型中，核心变量中的长期经济利益与短期经济利益非一致性、长期经济利益与社会利益非一致性未通过显著性检验之外，在有机肥施用意愿、绿色农药施用意愿以及粮食种植户的秸秆还田实施意愿模型中，长期经济利益与短期经济利益非一致性通过显著性检验，且系数为负；长期经济利益与社会利益非一致性亦通过显著性检验，且系数为负，说明整体而言，二者对农户土地利用亲环境意愿有直接影响且较为稳定。而对于短期经济利益与社会利益非一致性而言，在有机肥施用意愿、绿色农药施用意愿和秸秆还田实施意愿这三类不同类型土地利用亲环境意愿以及粮食种植户和蔬菜种植户这两类不同类型农户中，短期经济利益与社会利益非一致性均通过显著性检验，且系数亦为负，说明短期经济利益与社会利益非一致性对农户土地利用亲环境意愿的直接负向影响亦较为稳定，且相较于长期经济利益与短期经济利益非一致性和长期经济利益与社会利益非一致性，短期经济利益与社会利益非一致性对农户土地利用亲环境意愿的直接负向影响作用更大。

第四节　本章小结

本章采用结构方程模型验证了二元利益非一致性对农户土地利用亲环境意愿的影响，结果表明：在粮食种植户和蔬菜种植户的有机肥施用意愿、粮食种植户和蔬菜种植户的绿色农药施用意愿以及粮食种植户的秸秆还田实施意愿模型中，长期经济利益与短期经济利益非一致性通过显著性检验，且系数为负；长期经济利益与社会利益非一致性亦通过显著性检验，且系数为负，说明整体而言，长期经济利益与短期经济利益非一致性、长期经济利益与社会利益非一致性对农户土地利用亲环境意愿产生直接影响且较为稳定，而在蔬菜种植户的秸秆还田实施意愿模型中，长期经济利益与短期经济利益非一致性、长期经济利益与社会利益非一致性未通过显著性检验，产生这一结果的原因可能是对蔬菜种植户而言，其在秸秆还田上的考虑更多的会受到其本身对于秸秆还田行为的了解程度和地块周边交通状况以及地块具体条件的限制，从而导致长期经济利益与短期经济利益非一致性、长期经济利益与社会利益非一致性对蔬菜种植户的秸秆还田实施意愿影响较小或不产生直接影响。对于农户的短期经济利益与社会利益非一致性而言，在有机肥施用意愿、绿色农药施用意愿和秸秆还田实施意愿这三类不同类型土地利用亲环境意愿下，在粮食种植户和蔬菜种植户这两类不同类型农户中，短期经济利益与社会利益非一致性均通过显著性检验，且系数亦为负，说明短期经济利益与社会利益非一致性都会对农户的有机肥施用意愿、绿色农药施用意愿和秸秆还田实施意愿产生显著的负向影响，即短期经济利益与社会利益非一致性对农户土地利用亲环境意愿的直接负向影响亦较为稳定，且相较于长期经济利益与短期经济利益非一致性和长期经济利益与社会利益非一致性，短期经济利益与社会利益非一致性对农户土地利用亲环境意愿的直接负向影响程度更大。

第五章　二元利益非一致性对农户土地利用亲环境行为的影响

第一节　农户土地利用亲环境行为现状

一、全样本农户土地利用亲环境行为现状

全样本农户不同类型土地利用亲环境行为描述性统计见表 5-1。

表 5-1　全样本农户不同类型土地利用亲环境行为描述性统计

变量	平均值	标准差	最小值	最大值
有机肥施用行为	2.38	0.93	1.00	5.00
绿色农药施用行为	2.64	1.11	1.00	5.00
秸秆还田行为	2.87	1.12	1.00	5.00

二、粮食种植户土地利用亲环境行为现状

粮食种植户不同类型土地利用亲环境行为描述性统计见表 5-2。

表 5-2　粮食种植户不同类型土地利用亲环境行为描述性统计

变量	平均值	标准差	最小值	最大值
有机肥施用行为	2.18	0.91	1.00	5.00
绿色农药施用行为	2.43	1.12	1.00	5.00
秸秆还田行为	3.19	1.08	1.00	5.00

三、蔬菜种植户土地利用亲环境行为现状

蔬菜种植户不同类型土地利用亲环境行为描述性统计见表 5-3。

表 5-3　蔬菜种植户不同类型土地利用亲环境行为描述性统计

变量	平均值	标准差	最小值	最大值
有机肥施用行为	2.62	0.94	1.00	5.00
绿色农药施用行为	2.89	1.08	1.00	5.00
秸秆还田行为	2.51	1.04	1.00	5.00

四、粮食种植户和蔬菜种植户土地利用亲环境行为差异分析

不同类型土地利用亲环境行为下粮食、蔬菜种植户实施情况差异见表 5-4。

表 5-4　不同类型土地利用亲环境行为下粮食、蔬菜种植户实施情况差异

变量	粮食种植户均值	蔬菜种植户均值	T 统计量
有机肥施用行为	2.18	2.62	-8.97^{***}
绿色农药施用行为	2.43	2.89	-7.36^{***}
秸秆还田行为	3.19	2.51	12.39^{***}

注：表中 *** 表示 1%的显著性水平。

第二节　变量选取及研究方法

一、变量选取及预期

（一）核心变量

本章分析二元利益非一致性对农户土地利用亲环境行为的影响，故选取二元利益非一致性变量作为核心变量，其中，经济利益与社会利益非一致性从长期经济利益与社会利益非一致性和短期经济利益与社会利益非一致性两个维度来探讨。基于前文的理论分析可知，农户对长期经济利益与短期经济利益非一致性的感知程度越强，其在实际生产中实施土地利用亲环境行为的可能性越小，同理，农户对长期经济利益与社会利益非一致性的感知越强，其在实际生产中实施土地利用亲环境行为的可能性越小；与此同时，农户所具备的短期经济利益与社会利益非一致性也与其对土地利用亲环境行为的实施程度密切相关，具体表现为农户的短期经济利益与社会利益非一致性水平越高，其在实际生产中实施土地利用亲环境行为的可能性越小。基于此，本研究预期长期经济利益与短期经济利益非一致性对农户土地利用亲环境行为的影响方向为负向、长期经

济利益与社会利益非一致性对农户土地利用亲环境行为的影响方向为负向、短期经济利益与社会利益非一致性对农户土地利用亲环境行为的影响方向为负向。

（二）其他控制变量及预期

变量的选取及预期见表5-5。

表5-5　变量的选取及预期

变量类型	变量	测量方式	预期方向
核心变量	长期经济利益与短期经济利益非一致性	李克特五级量表潜变量	－
	长期经济利益与社会利益非一致性	李克特五级量表潜变量	－
	短期经济利益与社会利益非一致性	李克特五级量表潜变量	－
计划行为理论变量	感知行为控制	李克特五级量表潜变量	＋
	意愿	李克特五级量表潜变量	＋
个体特征	性别	男＝1；女＝0	＋/－
	年龄	实际年龄（岁）	－
	受教育程度	未上过学＝1；小学＝2；初中＝3；高中或中专＝4；本科或大专及以上＝5	＋
	身体自评健康状况	非常差＝1；差＝2；一般＝3；好＝4；非常好＝5	＋/－
	风险态度	风险偏好＝1；风险中性＝2；风险厌恶＝3	－
	党员	党员＝1；非党员＝0	＋
	村干部	村干部＝1；非村干部＝0	＋
家庭特征	家庭人数	以受访者实际家庭人数为准（人）	＋/－
	农业劳动力人数	以受访者实际农业劳动力人数为准（人）	＋/－
	家庭收入	以受访者上一年实际家庭收入为准（万元）	＋
	家庭收入类型	以农业收入为主＝1；以非农收入为主＝0	＋
生产特征	是否土地确权	是＝1；否＝0	＋/－
	转入土地面积	以受访者实际转入土地面积为准（亩）	＋/－
	转出土地面积	以受访者实际转出土地面积为准（亩）	＋/－
	土地流转期限	以受访者实际土地流转年限为准（年）	＋/－
	种植面积	以受访者实际耕种面积为准（亩）	＋/－
	种植块数	以受访者实际拥有的地块数为准（块）	＋/－
	居住地与最远地块距离	以受访农户居住地与其最远地块的实际距离为准（千米）	＋/－
	地块周边交通状况	非常差＝1；差＝2；一般＝3；好＝4；非常好＝5	＋/－

（续）

变量类型	变量	测量方式	预期方向
认知特征	亲环境行为及农业环境相关认知	李克特五级量表显变量	+
外部条件因素	是否加入合作社	是=1；否=0	+
	接受农业技术培训的程度	次数非常少=1；次数较少=2；次数一般=3；次数较多=4；次数非常多=5	+
	农业投入成本	李克特五级量表显变量	−
区域	省份	甘肃=1；陕西=2；河北=3；山东=4	+/−

注：表格中的“长期经济利益与短期经济利益非一致性”“长期经济利益与社会利益非一致性”“短期经济利益与社会利益非一致性”和“感知行为控制”将针对本书研究的具体的亲环境行为类型分别进行测量，下同。

二、研究方法

因变量农户土地利用亲环境行为为排序数据，故用有序 Probit 模型来进行验证。模型如下：

$$y^{*}=N\lambda+X'\beta+\varepsilon \qquad (5-1)$$

式（5－1）中，y^{*}不可观测，农户对有机肥施用行为、绿色农药施用行为和秸秆还田行为这三这类土地利用亲环境行为的实施程度为：

$$y=\begin{cases}1.\ 若 y^{*}\leqslant r_1\\ 2.\ 若 r_1<y^{*}\leqslant r_2\\ 3.\ 若 r_2<y^{*}\leqslant r_3\\ 4.\ 若 r_3<y^{*}\leqslant r_4\\ 5.\ 若 r_4<y^{*}\end{cases} \qquad (5-2)$$

假设$\varepsilon\sim(0,1)$，则

$$\begin{aligned}P(y=1|N,X)&=P(y^{*}\leqslant r_1|N,X)\\&=P(N\lambda+X'\beta+\varepsilon\leqslant r_1|N,X)\\&=\varphi(r_1-N\lambda-X'\beta)\end{aligned} \qquad (5-3)$$

$$\begin{aligned}P(y=2|N,X)&=P(r_1<y^{*}\leqslant r_2|N,X)\\&=P(y^{*}\leqslant r_2|N,X)-P(y^{*}<r_1|N,X)\\&=\varphi(r_2-N\lambda-X'\beta)-\varphi(r_1-N\lambda-X'\beta)\end{aligned} \qquad (5-4)$$

$$P(y=3|N,X)=\varphi(r_3-N\lambda-X'\beta)-\varphi(r_2-N\lambda-X'\beta) \qquad (5-5)$$

$$P(y=4|N,X)=\varphi(r_4-N\lambda-X'\beta)-\varphi(r_3-N\lambda-X'\beta) \qquad (5-6)$$

$$P(y=5|N,X)=1-\varphi(r_4-N\lambda-X'\beta) \qquad (5-7)$$

第三节　结果分析

一、二元利益非一致性对农户有机肥施用行为的影响

(一) 粮食种植户

表 5-6　二元利益非一致性对粮食种植户有机肥施用行为影响的估计结果

变　量	Ordered Probit 模型		多元线性回归模型	
	系数	标准误差	系数	标准误差
长期经济利益与短期经济利益非一致性	−0.204**	0.081	−0.201**	0.056
长期经济利益与社会利益非一致性	−0.168**	0.070	−0.115**	0.049
短期经济利益与社会利益非一致性	−0.253***	0.064	−0.158***	0.046
感知行为控制	0.142**	0.060	0.081*	0.040
意愿	0.201***	0.065	0.162***	0.042
性别	0.149	0.112	0.051	0.063
年龄	−0.004	0.004	−0.038	0.004
受教育程度	0.120*	0.069	0.091*	0.042
身体自评健康状况	−0.28	0.061	−0.002	0.039
风险态度	0.043	0.102	0.021	0.062
党员	0.017	0.153	0.001	0.095
村干部	−0.126	0.234	−0.016	0.152
家庭人数	−0.020	0.036	−0.011	0.026
农业劳动力人数	0.138**	0.064	0.049	0.041
家庭收入	−0.012	0.019	−0.019	0.012
家庭收入类型	0.006	0.138	−0.005	0.083
是否土地确权	0.104***	0.034	0.106***	0.021
转入土地面积	0.123***	0.025	0.129***	0.023
转出土地面积	0.056	0.051	0.061	0.034
土地流转期限	0.104***	0.038	0.123***	0.025
种植面积	0.017	0.012	0.169**	0.008
种植块数	−0.078***	0.026	−0.265***	0.015

（续）

变　量	Ordered Probit 模型		多元线性回归模型	
	系数	标准误差	系数	标准误差
居住地与最远地块距离	0.026	0.051	0.020	0.031
地块周边交通状况	0.012	0.053	0.073*	0.038
亲环境行为及农业环境相关认知	0.077	0.055	0.069*	0.036
是否加入合作社	0.039	0.154	0.012	0.095
接受农业技术培训的程度	0.023	0.049	0.028	0.031
农业投入成本	−0.087**	0.037	−0.087**	0.021
省份	0.018	0.032	0.027	0.020

注：表格中的“认知”是指农户对相较于有机肥，施用普通化肥会加重农业环境污染的认知，表中线性回归模型下的“系数”为标准化偏回归系数，下同。

由表 5 - 6 可知，在有机肥施用行为下，在粮食种植户中，无论是采用 Ordered Probit 模型还是多元线性回归模型得出的结果，核心变量（二元利益非一致性）中的长期经济利益与短期经济利益非一致性、长期经济利益与社会利益非一致性、短期经济利益与社会利益非一致性对其有机肥施用行为的影响均通过显著性检验，且系数均为负，说明以上三者均会对粮食种植户的有机肥施用行为产生显著负向影响，具体表现为，粮食种植户对与有机肥施用行为有关的长期经济利益与短期经济利益非一致性感知程度越强，其对于有机肥施用行为的实施程度就越低，即长期经济利益与短期经济利益非一致性会对粮食种植户的有机肥施用行为产生直接的负向影响，至此，在粮食种植户的有机肥施用行为中，假设 H1 - 2 得证；粮食种植户所具备的与有机肥施用行为有关的长期经济利益与社会利益非一致性水平越高，其对于有机肥施用行为的实施程度就越低，即长期经济利益与社会利益非一致性会对粮食种植户的有机肥施用行为产生直接的负向影响，至此，在粮食种植户的有机肥施用行为中，假设 H1 - 4 得证；另外，粮食种植户所具备的与有机肥施用行为有关的短期经济利益与社会利益非一致性水平越高，其对于有机肥施用行为的实施程度就越低，即短期经济利益与社会利益非一致性会对粮食种植户的有机肥施用行为产生直接的负向影响，至此，在粮食种植户的有机肥施用行为中，假设 H1 - 6 得证。

与此同时，根据多元线性回归模型得出的结果可知，在长期经济利益与短期经济利益非一致性、长期经济利益与社会利益非一致性、短期经济利益与社会利益非一致性这三个核心变量中，短期经济利益与社会利益非一致性对粮食种植户有机肥施用行为影响的回归系数的值最大，其次为长期经济利益与短期经济利益非一致性，而长期经济利益与社会利益非一致性对粮食种植户有机肥施用行为影响的回归系数的值则最小，说明三者中短期经济利益与社会利益非一致性对粮食种植户有机肥施用行为的直接负向影响作用相对最大，其次为长期经济利益与短期经济利益非一致性，而长期经济利益与社会利益非一致性对粮食种植户有机肥施用行为的直接负向影响作用则相对最小。

（二）蔬菜种植户

表 5-7　二元利益非一致性对蔬菜种植户有机肥施用行为影响的估计结果

变　量	Ordered Probit 模型		多元线性回归模型	
	系数	标准误差	系数	标准误差
长期经济利益与短期经济利益非一致性	−0.204**	0.081	−0.201**	0.056
长期经济利益与社会利益非一致性	−0.168**	0.070	−0.115**	0.049
短期经济利益与社会利益非一致性	−0.253***	0.064	−0.158***	0.046
感知行为控制	0.142**	0.060	0.081*	0.040
意愿	0.201***	0.065	0.162***	0.042
性别	0.149	0.112	0.051	0.063
年龄	−0.004	0.004	−0.038	0.004
受教育程度	0.120*	0.069	0.091*	0.042
身体自评健康状况	−0.280	0.061	−0.002	0.039
风险态度	0.043	0.102	0.021	0.062
党员	0.017	0.153	0.001	0.095
村干部	−0.126	0.234	−0.016	0.152
家庭人数	−0.020	0.036	−0.011	0.026
农业劳动力人数	0.138**	0.064	0.049	0.041
家庭收入	−0.012	0.019	−0.019	0.012
家庭收入类型	0.006	0.138	−0.005	0.083
是否土地确权	0.121***	0.035	0.104***	0.025
转入土地面积	0.105***	0.023	0.123***	0.027
转出土地面积	0.062	0.047	0.056	0.036
土地流转期限	0.101***	0.029	0.127***	0.029
种植面积	0.017	0.012	0.169**	0.008
种植块数	−0.078***	0.026	−0.265***	0.015

（续）

变　量	Ordered Probit 模型		多元线性回归模型	
	系数	标准误差	系数	标准误差
居住地与最远地块距离	0.026	0.051	0.020	0.031
地块周边交通状况	0.012	0.053	0.073*	0.038
亲环境行为及农业环境相关认知	0.077	0.055	0.069*	0.036
是否加入合作社	0.039	0.154	0.012	0.095
接受农业技术培训的程度	0.023	0.049	0.028	0.031
农业投入成本	−0.087**	0.037	−0.087**	0.021
省份	0.018	0.032	0.027	0.020

由表5-7可知，在有机肥施用行为下，在蔬菜种植户中，无论是采用Ordered Probit 模型还是多元线性回归模型得出的结果，核心变量中的长期经济利益与短期经济利益非一致性、长期经济利益与社会利益非一致性、短期经济利益与社会利益非一致性对其有机肥施用行为的影响均通过显著性检验，且系数均为负，说明以上三者均会对蔬菜种植户的有机肥施用行为产生显著影响，具体表现为，蔬菜种植户对与有机肥施用行为有关的长期经济利益与短期经济利益非一致性感知程度越强，其对于有机肥施用行为的实施程度就越低，即长期经济利益与短期经济利益非一致性会对蔬菜种植户的有机肥施用行为产生直接的负向影响，至此，在蔬菜种植户的有机肥施用行为中，假设 H1-2 得证；蔬菜种植户对与有机肥施用行为有关的长期经济利益与社会利益非一致性感知程度越强，其对于有机肥施用行为的实施程度就越低，即长期经济利益与短期经济利益非一致性会对蔬菜种植户的有机肥施用行为产生直接的负向影响，至此，在蔬菜种植户的有机肥施用行为中，假设 H1-4 得证；蔬菜种植户所具备的与有机肥施用行为有关的短期经济利益与社会利益非一致性水平越高，其对于有机肥施用行为的实施程度就越低，即短期经济利益与社会利益非一致性会对蔬菜种植户的有机肥施用行为产生直接的负向影响，至此，在蔬菜种植户的有机肥施用行为中，假设 H1-6 得证。

与此同时，与粮食种植户一致，根据多元线性回归模型得出的结果可知，在长期经济利益与短期经济利益非一致性、长期经济利益与社会利益非一致性、短期经济利益与社会利益非一致性这三个核心变量中，短期经济利益与社会利益非一致性对蔬菜种植户有机肥施用行为影响的回归系数的值相对最大，其次为长期经济利益与短期经济利益非一致性，而长期经济利益与社会利益非一致性对蔬菜种植户有机肥施用行为影响的回归系数的值则相对最小，说明三者中短期经济利益与社会利益非一致性对蔬菜种植户有机肥施用行为的直接负向影响作用最大，其次为长期经济利益与短期经济利益非一致性，而长期经济利益与社会利益非一致性对蔬菜种植户有机肥施用行为的直接负向影响作用则最小。

二、二元利益非一致性对农户绿色农药施用行为的影响

（一）粮食种植户

表 5-8　二元利益非一致性对粮食种植户绿色农药施用行为影响的估计结果

变　量	Ordered Probit 模型		多元线性回归模型	
	系数	标准误差	系数	标准误差
长期经济利益与短期经济利益非一致性	−0.246***	0.075	−0.149***	0.058
长期经济利益与社会利益非一致性	−0.179**	0.075	−0.123***	0.057
短期经济利益与社会利益非一致性	−0.350***	0.082	−0.174***	0.061
感知行为控制	0.151**	0.066	0.103***	0.052
意愿	0.183**	0.072	0.125**	0.059
性别	−0.149**	0.101	−0.053	0.072
年龄	0.006	0.004	0.051	0.003
受教育程度	0.150**	0.064	0.101**	0.052
身体自评健康状况	−0.081	0.060	−0.041	0.049
风险态度	−0.090	0.102	−0.039	0.073
党员	0.269*	0.151	0.053	0.099
村干部	−0.143	0.237	0.012	0.179
家庭人数	0.002	0.038	0.015	0.028
农业劳动力人数	−0.053	0.019	−0.041	0.047
家庭收入	0.062***	0.137	0.172***	0.014
家庭收入类型	0.319**	0.138	0.082**	0.083
是否土地确权	0.103***	0.036	0.102***	0.063
转入土地面积	0.105***	0.025	0.105***	0.038
转出土地面积	0.072	0.045	0.051	0.041
土地流转期限	0.098***	0.031	0.093***	0.032
种植面积	−0.005	0.009	−0.029	0.101

（续）

变　量	Ordered Probit 模型		多元线性回归模型	
	系数	标准误差	系数	标准误差
种植块数	−0.003	0.028	−0.027	0.016
居住地与最远地块距离	0.062	0.054	0.043	0.038
地块周边交通状况	−0.031	0.058	−0.029	0.041
亲环境行为及农业环境相关认知	0.179***	0.057	0.083**	0.042
是否加入合作社	0.029	0.149	0.015	0.113
接受农业技术培训的程度	−0.028	0.048	−0.059	0.034
农业投入成本	−0.071**	0.036	−0.063*	0.029
省份	0.016	0.031	0.028	0.022

注：表格中的“认知”是指农户对相较于绿色农药，施用普通农药对农业环境污染的认知，下同。

由表 5-8 可知，在绿色农药施用行为下，在粮食种植户中，无论是采用 Ordered Probit 模型还是多元线性回归模型得出的结果，核心变量中的长期经济利益与短期经济利益非一致性、长期经济利益与社会利益非一致性、短期经济利益与社会利益非一致性对其绿色农药施用行为的影响均通过显著性检验，且系数均为负，说明以上三者均会对粮食种植户的绿色农药施用行为产生显著影响，具体表现为，粮食种植户对与绿色农药施用行为有关的长期经济利益与短期经济利益非一致性感知程度越强，其对于绿色农药施用行为的实施程度就越低，即长期经济利益与短期经济利益非一致性会对粮食种植户的绿色农药施用行为产生直接的负向影响，至此，在粮食种植户的绿色农药施用行为中，假设 H1-2 得证；粮食种植户对与绿色农药施用行为有关的长期经济利益与社会利益非一致性感知程度越强，其对于绿色农药施用行为的实施程度就越低，即长期经济利益与短期经济利益非一致性会对粮食种植户的绿色农药施用行为产生直接的负向影响，至此，在粮食种植户的绿色农药施用行为中，假设 H1-4 得证；粮食种植户所具备的与绿色农药施用行为有关的短期经济利益与社会利益非一致性水平越高，其对于绿色农药施用行为的实施程度就越低，即短期经济利益与社会利益非一致性会对粮食种植户的有机肥施用行为产生直接的负向影响，至此，在粮食种植户的绿色农药施用行为中，假设 H1-6 得证。

与此同时，根据多元线性回归模型得出的结果可知，在长期经济利益与短期经济利益非一致性、长期经济利益与社会利益非一致性、短期经济利益与社会利益非一致性这三个核心变量中，短期经济利益与社会利益非一致性对粮食种植户绿色农药施用行为影响的回归系数的值最大，其次为长期经济利益与短期经济利益非一致性，而长期经济利益与社会利益非一致性对粮食种植户绿色农药施用行为影响的回归系数的值则最小，说明三者中短期经济利益与社会利益非一致性对粮食种植户有机肥施用行为的直接负向影响作用最大，其次为长期经济利益与短期经济利益非一致性，而长期经济利益与社会利益非一致性对粮食种植户绿色农药施用行为的直接负向影响作用则最小。

（二）蔬菜种植户

表 5-9　二元利益非一致性对蔬菜种植户绿色农药施用行为影响的估计结果

变　量	Ordered Probit 模型		多元线性回归模型	
	系数	标准误差	系数	标准误差
长期经济利益与短期经济利益非一致性	−0.243***	0.077	−0.118***	0.058
长期经济利益与社会利益非一致性	−0.177**	0.072	−0.098**	0.055
短期经济利益与社会利益非一致性	−0.259***	0.081	−0.143***	0.060
感知行为控制	0.152**	0.069	0.092**	0.054
意愿	0.230**	0.084	0.126**	0.062
性别	0.110	0.102	0.049	0.071
年龄	0.006	0.007	0.061	0.002
受教育程度	0.279***	0.061	0.183***	0.047
身体自评健康状况	0.008	0.051	0.005	0.045
风险态度	0.021	0.089	0.009	0.069
党员	−0.208	0.161	−0.043	0.120
村干部	0.136	0.238	0.022	0.181
家庭人数	0.052	0.032	0.049	0.026
农业劳动力人数	−0.032	0.051	−0.016	0.045
家庭收入	0.022	0.016	0.065*	0.011
家庭收入类型	0.369***	0.112	0.136***	0.082
是否土地确权	0.121***	0.035	0.126***	0.061
转入土地面积	0.130***	0.041	0.124***	0.035
转出土地面积	0.058	0.046	0.058	0.037
土地流转期限	0.094***	0.037	0.096***	0.036
种植面积	−0.002	0.010	0.003	0.091
种植块数	−0.009	0.025	−0.026	0.016

（续）

变　量	Ordered Probit 模型		多元线性回归模型	
	系数	标准误差	系数	标准误差
居住地与最远地块距离	0.008	0.061	0.014	0.040
地块周边交通状况	−0.030	0.059	−0.013	0.045
亲环境行为及农业环境相关认知	0.175***	0.062	0.097***	0.045
是否加入合作社	−0.083	0.132	−0.029	0.108
接受农业技术培训的程度	0.157***	0.046	0.126***	0.022
农业投入成本	−0.074**	0.039	−0.071**	0.026
省份	0.014	0.033	0.029	0.026

由表 5 - 9 可知，在绿色农药施用行为下，在蔬菜种植户中，无论是采用 Ordered Probit 模型还是多元线性回归模型得出的结果，核心变量中的长期经济利益与短期经济利益非一致性、长期经济利益与社会利益非一致性、短期经济利益与社会利益非一致性对其绿色农药施用行为的影响均通过显著性检验，且系数均为负，说明以上三者均会对蔬菜种植户的绿色农药施用行为产生显著影响。具体表现为：蔬菜种植户对与绿色农药施用行为有关的长期经济利益与短期经济利益非一致性感知程度越强，其对于绿色农药施用行为的实施程度就越低，即长期经济利益与短期经济利益非一致性会对蔬菜种植户的绿色农药施用行为产生直接的负向影响，至此，在蔬菜种植户的绿色农药施用行为中，假设 H1 - 2 得证；蔬菜种植户对与绿色农药施用行为有关的长期经济利益与社会利益非一致性感知程度越强，其对于绿色农药施用行为的实施程度就越低，即长期经济利益与社会利益非一致性会对蔬菜种植户的绿色农药施用行为产生直接的负向影响，至此，在蔬菜种植户的绿色农药施用行为中，假设 H1 - 4 得证；蔬菜种植户所具备的与绿色农药施用行为有关的短期经济利益与社会利益非一致性水平越高，其对于绿色农药施用行为的实施程度就越低，即短期经济利益与社会利益非一致性会对蔬菜种植户的有机肥施用行为产生直接的负向影响，至此，在蔬菜种植户的绿色农药施用行为中，假设 H1 - 6 得证。

与此同时，根据多元线性回归模型得出的结果可知，在长期经济利益与短期经济利益非一致性、长期经济利益与社会利益非一致性、短期经济利益与社会利益非一致性这三个核心变量中，短期经济利益与社会利益非一致性对蔬菜种植户绿色农药施用行为影响的回归系数的值最大，其次为长期经济利益与短期经济利益非一致性，而长期经济利益与社会利益非一致性对蔬菜种植户绿色农药施用行为影响的回归系数的值则最小，说明三者中短期经济利益与社会利益非一致性对蔬菜种植户有机肥施用行为的直接负向影响作用最大，其次为长期经济利益与短期经济利益非一致性，而长期经济利益与社会利益非一致性对蔬菜种植户绿色农药施用行为的直接负向影响作用则最小。

三、二元利益非一致性对农户秸秆还田行为的影响

（一）粮食种植户

表 5-10　二元利益非一致性对粮食种植户秸秆还田行为影响的估计结果

变　量	Ordered Probit 模型		多元线性回归模型	
	系数	标准误差	系数	标准误差
长期经济利益与短期经济利益非一致性	−0.138**	0.049	−0.114***	0.045
长期经济利益与社会利益非一致性	−0.112**	0.050	−0.096***	0.047
短期经济利益与社会利益非一致性	−0.165***	0.047	−0.140***	0.041
感知行为控制	0.142**	0.054	0.091**	0.056
意愿	0.157**	0.061	0.129***	0.063
性别	0.071	0.098	−0.015	0.069
年龄	−0.001	0.003	−0.017	0.002
受教育程度	0.109*	0.062	0.098*	0.053
身体自评健康状况	−0.008	0.094	−0.008	0.051
风险态度	−0.014	0.140	−0.003	0.078
党员	0.158	0.147	0.039	0.102
村干部	0.110	0.220	0.016	0.183
家庭人数	−0.021	0.035	−0.019	0.031
农业劳动力人数	0.031	0.072	0.015	0.048
家庭收入	0.041**	0.018	0.102**	0.016
家庭收入类型	−0.158	0.126	−0.061	0.082
是否土地确权	0.115***	0.045	0.118***	0.062
转入土地面积	0.126***	0.041	0.119***	0.034
转出土地面积	0.062	0.043	0.060	0.038
土地流转期限	0.089***	0.039	0.099***	0.034
种植面积	0.014*	0.009	0.129	0.098
种植块数	0.042**	0.025	−0.153*	0.013

（续）

变　量	Ordered Probit 模型		多元线性回归模型	
	系数	标准误差	系数	标准误差
居住地与最远地块距离	0.083***	0.049	0.052	0.035
地块周边交通状况	0.102**	0.054	0.071**	0.042
亲环境行为及农业环境相关认知	0.151***	0.056	0.105***	0.048
是否加入合作社	−0.071	0.142	−0.013	0.112
接受农业技术培训的程度	−0.046	0.045	−0.028	0.035
农业投入成本	−0.110***	0.033	−0.115***	0.028
省份	0.047	0.030	0.041	0.021

注：表格中的“认知”是指农户对焚烧或随意堆弃秸秆对农业环境污染的认知，下同。

由表 5-10 可知，在秸秆还田行为下，在粮食种植户中，无论是采用 Ordered Probit 模型还是多元线性回归模型得出的结果，核心变量中的长期经济利益与短期经济利益非一致性、长期经济利益与社会利益非一致性、短期经济利益与社会利益非一致性对其秸秆还田行为的影响均通过显著性检验，且系数均为负，说明以上三者均会对粮食种植户的秸秆还田行为产生显著影响，具体表现为，粮食种植户对与秸秆还田行为有关的长期经济利益与短期经济利益非一致性感知程度越强，其对于秸秆还田行为的实施程度就越低，即长期经济利益与短期经济利益非一致性会对粮食种植户的秸秆还田行为产生直接的负向影响，至此，在粮食种植户的秸秆还田行为中，假设 H1-2 得证；粮食种植户对与秸秆还田行为有关的长期经济利益与社会利益非一致性感知程度越强，其对于秸秆还田行为的实施程度就越低，即长期经济利益与社会利益非一致性会对粮食种植户的秸秆还田行为产生直接的负向影响，至此，在粮食种植户的秸秆还田行为中，假设 H1-4 得证；粮食种植户所具备的与秸秆还田行为有关的短期经济利益与社会利益非一致性水平越高，其对于秸秆还田行为的实施程度就越低，即短期经济利益与社会利益非一致性会对粮食种植户的秸秆还田行为产生直接的负向影响，至此，在粮食种植户的秸秆还田行为中，假设 H1-6 得证。

与此同时，根据多元线性回归模型得出的结果可知，在长期经济利益与短期经济利益非一致性、长期经济利益与社会利益非一致性、短期经济利益与社会利益非一致性这三个核心变量中，短期经济利益与社会利益非一致性对粮食种植户秸秆还田行为影响的回归系数的值最大，其次为长期经济利益与短期经济利益非一致性，而长期经济利益与社会利益非一致性对粮食种植户秸秆还田行为影响的回归系数的值则最小，说明三者中短期经济利益与社会利益非一致性对粮食种植户秸秆还田行为的直接负向影响作用最大，其次为长期经济利益与短期经济利益非一致性，而长期经济利益与社会利益非一致性对粮食种植户秸秆还田行为的直接负向影响作用则最小。

（二）蔬菜种植户

表 5-11　二元利益非一致性对蔬菜种植户秸秆还田行为影响的估计结果

变　量	Ordered Probit 模型		多元线性回归模型	
	系数	标准误差	系数	标准误差
长期经济利益与短期经济利益非一致性	−0.035	0.053	−0.029	0.046
长期经济利益与社会利益非一致性	−0.029	0.062	−0.031	0.048
短期经济利益与社会利益非一致性	−0.168***	0.065	−0.115**	0.052
感知行为控制	0.151**	0.073	0.098**	0.055
意愿	0.142***	0.085	0.125***	0.063
性别	−0.019	0.131	−0.006	0.072
年龄	−0.003	0.010	−0.021	0.001
受教育程度	0.102	0.059	0.078	0.045
身体自评健康状况	−0.059	0.047	−0.051	0.050
风险态度	0.129	0.091	0.071	0.071
党员	−0.203	0.173	−0.044	0.134
村干部	−0.112	0.201	−0.025	0.192
家庭人数	0.021	0.035	0.028	0.031
农业劳动力人数	−0.061	0.054	−0.052	0.042
家庭收入	−0.017	0.014	−0.044	0.018
家庭收入类型	−0.081	0.109	−0.027	0.083
是否土地确权	0.113***	0.050	0.109***	0.063
转入土地面积	0.115***	0.045	0.126***	0.036
转出土地面积	0.067	0.047	0.061	0.034
土地流转期限	0.091***	0.034	0.096***	0.031
种植面积	0.023*	0.012	0.096*	0.091
种植块数	−0.062**	0.028	−0.026	0.019
居住地与最远地块距离	0.062	0.064	−0.097**	0.042

（续）

变　量	Ordered Probit 模型		多元线性回归模型	
	系数	标准误差	系数	标准误差
地块周边交通状况	−0.126***	0.061	0.038	0.046
亲环境行为及农业环境相关认知	−0.042	0.068	0.086**	0.045
是否加入合作社	−0.113	0.137	−0.033	0.095
接受农业技术培训的程度	0.102**	0.045	0.091**	0.023
农业投入成本	0.014	0.038	0.015	0.024
省份	0.043	0.035	0.062	0.029

注：***、**、*分别表示1%、5%、10%的显著性水平。

由表5-11可知，在秸秆还田行为下，在蔬菜种植户中，无论是采用Ordered Probit模型还是多元线性回归模型得出的结果，核心变量中的长期经济利益与短期经济利益非一致性、长期经济利益与社会利益非一致性均未通过显著性检验，说明二者不是影响蔬菜种植户秸秆还田行为的重要因素，假设H1-2、H1-4未能得证，长期经济利益与短期经济利益非一致性和长期经济利益与社会利益非一致性则对蔬菜种植户的秸秆还田行为影响较小或不产生直接影响。此外，无论是采用Ordered Probit模型还是多元线性回归模型得出的结果，短期经济利益与社会利益非一致性对其秸秆还田行为的影响均通过显著性检验，且系数为负，说明短期经济利益与社会利益非一致性会对农户的秸秆还田行为产生显著的负向影响，具体表现为农户所具备的与秸秆还田行为有关的短期经济利益与社会利益非一致性水平越高，其对于秸秆还田行为的实施程度就越低，即短期经济利益与社会利益非一致性会对农户的秸秆还田行为产生直接的负向影响，至此，在蔬菜种植户的秸秆还田行为中，假设H1-6得证。

综上所述，除在蔬菜种植户的秸秆还田行为模型中，核心变量中的长期经济利益与短期经济利益非一致性、长期经济利益与社会利益非一致性未通过显著性检验，在有机肥施用行为、绿色农药施用行为以及粮食种植户的秸秆还田行为模型中，长期经济利益与短期经济利益非一致性、长期经济利益与社会利益非一致性均通过显著性检验，说明整体而言，长期经济利益与短期经济利益非一致性、长期经济利益与社会利益非一致性对农户土地利用亲环境行为的直接影响较为稳定。而对于短期经济利益与社会利益非一致性而言，在有机肥施用行为、绿色农药施用行为和秸秆还田行为这三类不同类型土地利用亲环境行为以及粮食种植户和蔬菜种植户这两类不同类型农户中，短期经济利益与社会利益非一致性均通过显著性检验，且系数亦为负，说明短期经济利益与社会利益非一致性对农户土地利用亲环境行为的直接负向影响亦较为稳定，且相较于长期经济利益与短期经济利益非一致性、长期经济利益与社会利益非一致性，短期经济利益与社会利益非一致性对农户土地利用亲环境行为的直接影响作用更大。

第四节　本章小结

长期经济利益与短期经济利益非一致性、长期经济利益与社会利益非一致性对农户土地利用亲环境行为直接影响较为稳定，而在蔬菜种植户的秸秆还田行为模型中，长期经济利益与短期经济利益非一致性、长期经济利益与社会利益非一致性未通过显著性检验。对于农户的短期经济利益与社会利益非一致性而言，在有机肥施用行为、绿色农药施用行为和秸秆还田行为这三类不同类型土地利用亲环境行为下，在粮食种植户和蔬菜种植户这两类不同类型农户中，短期经济利益与社会利益非一致性均通过显著性检验，且系数亦为负，表明短期经济利益与社会利益非一致性对农户的有机肥施用行为、绿色农药施用行为和秸秆还田实施行为均会产生显著的负向影响，说明短期经济利益与社会利益非一致性对农户土地利用亲环境行为的直接负向影响亦较为稳定，且与土地利用亲环境意愿一致，相较于长期经济利益与短期经济利益非一致性、长期经济利益与社会利益非一致性，短期经济利益与社会利益非一致性对农户土地利用亲环境行为的直接负向影响程度也更大。长期经济利益与短期经济利益非一致性、长期经济利益与社会利益非一致性对农户土地利用亲环境行为直接影响较为稳定，而在蔬菜种植户的秸秆还田行为模型中，长期经济利益与短期经济利益非一致性、长期经济利益与社会利益非一致性未通过显著性检验。

第六章　农户土地利用亲环境意愿向行为的转化

——二元利益非一致性的调节效应

第一节　变量选取与预期

因变量为土地利用亲环境行为时的变量选取及预期见表6-1。

表6-1　因变量为土地利用亲环境行为时的变量选取及预期

变量类型	变量	测量方式	预期方向
核心变量	长期经济利益与短期经济利益非一致性	李克特五级量表潜变量	－
	长期经济利益与社会利益非一致性	李克特五级量表潜变量	－
	短期经济利益与社会利益非一致性	李克特五级量表潜变量	－
计划行为理论变量	态度	李克特五级量表潜变量	＋
	主观规范	李克特五级量表潜变量	＋
	感知行为控制	李克特五级量表潜变量	＋
个体特征	性别	男＝1；女＝0	＋/－
	年龄	实际年龄（岁）	－
	受教育程度	未上过学＝1；小学＝2；初中＝3；高中或中专＝4；本科或大专及以上＝5	＋
	身体自评健康状况	非常差＝1；差＝2；一般＝3；好＝4；非常好＝5	＋/－
	风险态度	风险偏好＝1；风险中性＝2；风险厌恶＝3	－
	党员	党员＝1；非党员＝0	＋
	村干部	村干部＝1；非村干部＝0	＋
家庭特征	家庭人数	以受访者实际家庭人数为准（人）	＋/－
	农业劳动力人数	以受访者实际农业劳动力人数为准（人）	＋/－
	家庭收入	以受访者上一年实际家庭收入为准（万元）	＋
	家庭收入类型	以农业收入为主＝1；以非农收入为主＝0	＋

（续）

变量类型	变量	测量方式	预期方向
生产特征	是否土地确权	是=1；否=0	+/−
	转入土地面积	以受访者实际转入土地面积为准（亩）	+/−
	转出土地面积	以受访者实际转出土地面积为准（亩）	+/−
	土地流转期限	以受访者实际土地流转年限为准（年）	+/−
	种植面积	以受访者实际耕种面积为准（亩）	+/−
	种植块数	以受访者实际拥有的地块数为准（块）	+/−
	居住地与最远地块距离	以受访农户居住地与其最远地块的实际距离为准（千米）	+/−
	地块周边交通状况	非常差=1；差=2；一般=3；好=4；非常好=5	+/−
认知特征	亲环境行为及农业环境相关认知	李克特五级量表显变量	+
外部条件因素	是否加入合作社	是=1；否=0	+
	接受农业技术培训的程度	次数非常少=1；次数较少=2；次数一般=3；次数较多=4；次数非常多=5	+
	农业投入成本	李克特五级量表显变量	−
区域	省份	甘肃=1；陕西=2；河北=3；山东=4	+/−

第二节　研究方法

本小节采用层次回归模型来对不同类型二元利益非一致性在农户土地利用亲环境意愿向亲环境行为转化过程中的调节效应进行检验，具体方法为：首先，对自变量（农户土地利用亲环境意愿）与调节变量（不同类型二元利益非一致性）进行中心化处理；其次，将自变量和因变量纳入模型一；再次，将调节变量加入模型一中得到模型二；最后，将自变量与调节变量的乘积项继续加入模型二中得到模型三。在数据分析结果中，调节效应显著的表现为模型三的决定系数显著高于模型一和模型二，或模型三中乘积项的回归系数通过显著性检验。

第三节　结果分析

一、有机肥施用行为下二元利益非一致性的调节效应

本小节采用层次回归模型对不同类型二元利益非一致性（长期与短期经济

利益非一致性、长期经济利益与社会利益非一致性、短期经济利益与社会利益非一致性）在农户有机肥施用意愿向有机肥施用行为转化过程中调节效应的验证结果如表 6-2 和表 6-3。

表 6-2　二元利益非一致性在粮食种植户有机肥施用意愿向行为转化过程中调节效应的估计结果

变　量	模型一		模型二		模型三	
	系数	标准误差	系数	标准误差	系数	标准误差
有机肥施用意愿	0.257***	0.043	0.152***	0.046	0.107**	0.041
长期经济利益与短期经济利益非一致性	—	—	−0.125**	0.053	−0.154***	0.045
长期经济利益与社会利益非一致性	—	—	−0.105**	0.042	−0.158***	0.042
短期经济利益与社会利益非一致性	—	—	−0.154***	0.041	−0.149***	0.041
意愿×长期经济利益与短期经济利益非一致性	—	—	—	—	−0.128***	0.045
意愿×长期经济利益与社会利益非一致性	—	—	—	—	−0.106***	0.044
意愿×短期经济利益与社会利益非一致性	—	—	—	—	−0.119***	0.043
感知行为控制	0.085**	0.041	0.073*	0.042	0.091**	0.046
性别	0.041	0.063	0.053	0.067	0.049	0.061
年龄	−0.029	0.004	−0.037	0.002	−0.051	0.002
受教育程度	0.109**	0.045	0.101*	0.047	0.061	0.042
身体自评健康状况	0.007	0.041	−0.003	0.042	−0.015	0.041
风险态度	0.038	0.062	0.016	0.065	0.102	0.064
党员	−0.012	0.123	0.001	0.094	0.009	0.192
村干部	−0.005	0.152	−0.016	0.157	−0.007	0.145
家庭人数	−0.015	0.024	0.201	0.026	−0.031	0.028
农业劳动力人数	0.051	0.042	0.047	0.041	0.053	0.041
家庭收入	−0.002	0.011	−0.014	0.013	−0.019	0.014
家庭收入类型	0.052	0.083	−0.006	0.093	−0.015	0.081
是否土地确权	0.125**	0.034	0.108**	0.045	0.127**	0.062
转入土地面积	0.136**	0.047	0.127**	0.061	0.119**	0.056
转出土地面积	0.109	0.056	0.139	0.043	0.134	0.060
土地流转期限	0.101**	0.051	0.136**	0.049	0.158**	0.041
种植面积	0.142*	0.004	−0.263**	0.014	−0.218**	0.016
种植块数	−0.210**	0.017	−0.253***	0.019	−0.215**	0.013

（续）

变　量	模型一		模型二		模型三	
	系数	标准误差	系数	标准误差	系数	标准误差
居住地与最远地块距离	0.034	0.031	0.021	0.034	0.004	0.032
地块周边交通状况	0.072*	0.038	0.071*	0.038	0.046	0.039
亲环境行为及农业环境相关认知	0.081**	0.041	0.069*	0.041	0.072**	0.036
是否加入合作社	0.016	0.103	0.015	0.102	0.009	0.092
接受农业技术培训的程度	0.059	0.032	0.028	0.031	0.036	0.035
农业投入成本	−0.081**	0.027	−0.083**	0.026	−0.101***	0.024
省份	0.013	0.026	0.028	0.023	0.004	0.025
R^2	0.247		0.291		0.358	

注：表中***、**、*分别表示1%、5%、10%的显著性水平。

表6-3　二元利益非一致性在蔬菜种植户有机肥施用意愿向行为转化过程中调节效应的估计结果

变　量	模型一		模型二		模型三	
	系数	标准误差	系数	标准误差	系数	标准误差
有机肥施用意愿	0.182***	0.047	0.103***	0.050	0.097**	0.049
长期经济利益与短期经济利益非一致性	—	—	−0.105**	0.048	−0.075*	0.046
长期经济利益与社会利益非一致性	—	—	−0.069**	0.044	−0.121***	0.044
短期经济利益与社会利益非一致性	—	—	−0.154***	0.046	−0.158***	0.043
意愿×长期经济利益与短期经济利益非一致性	—	—	—	—	−0.082*	0.046
意愿×长期经济利益与社会利益非一致性	—	—	—	—	−0.149***	0.044
意愿×短期经济利益与社会利益非一致性	—	—	—	—	−0.102**	0.046
感知行为控制	0.082**	0.044	0.092***	0.043	0.071*	0.042
性别	−0.024	0.065	−0.007	0.068	0.004	0.063
年龄	−0.074*	0.002	−0.058	0.002	−0.050	0.002
受教育程度	0.102**	0.043	0.091*	0.045	0.120***	0.041
身体自评健康状况	−0.005	0.039	−0.001	0.038	−0.023	0.039
风险态度	−0.071*	0.061	−0.069*	0.062	−0.049	0.061
党员	−0.015	0.118	−0.006	0.112	0.015	0.113
村干部	−0.015	0.164	−0.034	0.162	−0.042	0.162
家庭人数	0.033	0.023	0.031	0.025	0.022	0.025
农业劳动力人数	0.031	0.040	0.031	0.039	0.040	0.038
家庭收入	−0.052	0.013	−0.052	0.008	−0.042	0.016

（续）

变　量	模型一		模型二		模型三	
	系数	标准误差	系数	标准误差	系数	标准误差
家庭收入类型	0.089**	0.076	0.056*	0.083	0.037	0.075
是否土地确权	0.129**	0.036	0.112**	0.046	0.125**	0.064
转入土地面积	0.132**	0.049	0.125**	0.063	0.123**	0.052
转出土地面积	0.113	0.053	0.135	0.045	0.152	0.066
土地流转期限	0.126**	0.055	0.137**	0.051	0.154**	0.042
种植面积	−0.005	0.007	−0.008	0.009	0.005	0.008
种植块数	−0.112*	0.018	−0.114**	0.018	−0.104**	0.015
居住地与最远地块距离	0.004	0.046	0.015	0.035	−0.002	0.039
地块周边交通状况	0.079**	0.039	0.089**	0.042	0.079**	0.041
亲环境行为及农业环境相关认知	0.112***	0.042	0.091**	0.042	0.079**	0.037
是否加入合作社	0.052	0.101	0.053	0.100	0.051	0.090
接受农业技术培训的程度	0.089**	0.031	0.079**	0.032	0.071**	0.033
农业投入成本	−0.125	0.026	−0.099***	0.025	−0.126***	0.025
省份	0.036***	0.027	0.054	0.027	0.016	0.028
R^2	0.358		0.384		0.429	

注：表中 ***、**、* 分别表示1%、5%、10%的显著性水平。

由表6-2和表6-3分析可知，在有机肥施用行为中，无论是粮食种植户还是蔬菜种植户，农户有机肥施用意愿与不同类型二元利益非一致性的乘积项均通过显著性检验，且系数均为负，具体表现为意愿和长期经济利益与短期经济利益非一致性的乘积系数为负、意愿和长期经济利益与社会利益非一致性的乘积系数为负、意愿和短期经济利益与社会利益非一致性的乘积系数为负。与此同时，在这三个调节变量的情境下，粮食种植户与蔬菜种植户中模型三的决定系数相较于模型一和模型二均得到显著提高，表明不同类型二元利益非一致性对农户有机肥施用意愿与实际行为之间的关系均具有显著的调节作用，包括长期经济利益与短期经济利益非一致性对农户有机肥施用意愿与实际行为之间的关系具有显著的负向调节作用、长期经济利益与社会利益非一致性对农户有机肥施用意愿与实际行为之间的关系具有显著的负向调节作用、短期经济利益与社会利益非一致性对农户有机肥施用意愿与实际行为之间的关系具有显著的负向调节作用。

具体表现为农户对与有机肥施用行为相关的长期经济利益与短期经济利益非一致性感知程度越强，农户有机肥施用意愿对其有机肥施用行为的负向促进作用就越强，即长期经济利益与短期经济利益非一致性可负向调节农户有机肥施用意愿向实际行为的转化；农户对与有机肥施用行为相关的长期经济利益与社会利益非一致性感知程度越强，农户有机肥施用意愿对其有机肥施用行为的负向促进作用就越弱，即长期经济利益与社会利益非一致性可负向调节农户有机肥施用意愿向实际行为的转化；农户对与有机肥施用行为相关的短期经济利益与社会利益非一致性感知程度越强，农户有机肥施用意愿对其有机肥施用行为的负向促进作用就越弱，即短期经济利益与社会利益非一致性可负向调节农户有机肥施用意愿向实际行为的转化；至此，在有机肥施用行为中，假设H1－7、H1－8、H1－9同时得证。

二、绿色农药施用行为下二元利益非一致性的调节效应

采用层次回归对不同类型二元利益非一致性（长期与短期经济利益非一致性、长期经济利益与社会利益非一致性、短期经济利益与社会利益非一致性）在农户绿色农药施用意愿向行为转化过程中调节效应的验证结果如表6－4和表6－5。

表6－4　二元利益非一致性在粮食种植户绿色农药施用意愿向行为转化过程中调节效应的估计结果

变量	模型一		模型二		模型三	
	系数	标准误差	系数	标准误差	系数	标准误差
绿色农药施用意愿	0.326***	0.045	0.126**	0.054	0.135***	0.058
长期经济利益与短期经济利益非一致性	—	—	−0.142***	0.056	−0.194**	0.053
长期经济利益与社会利益非一致性	—	—	−0.125***	0.058	−0.153***	0.057
短期经济利益与社会利益非一致性	—	—	−0.175***	0.062	−0.157***	0.059
意愿×长期经济利益与短期经济利益非一致性	—	—	—	—	−0.094**	0.052
意愿×长期经济利益与社会利益非一致性	—	—	—	—	−0.103**	0.051
意愿×短期经济利益与社会利益非一致性	—	—	—	—	−0.136***	0.053
感知行为控制	0.132***	0.056	0.109***	0.058	0.093**	0.050
性别	−0.071*	0.091	−0.051	0.072	−0.044	0.075
年龄	0.051	0.003	0.056	0.003	0.041	0.003
受教育程度	0.061	0.058	0.102**	0.051	0.125***	0.054
身体自评健康状况	−0.031	0.046	−0.048	0.046	−0.036	0.042
风险态度	−0.015	0.079	−0.041	0.081	−0.040	0.073
党员	0.058	0.124	0.059	0.114	0.062*	0.127

（续）

变　量	模型一		模型二		模型三	
	系数	标准误差	系数	标准误差	系数	标准误差
村干部	0.023	0.191	0.014	0.179	−0.009	0.176
家庭人数	0.012	0.025	0.018	0.029	0.033	0.030
农业劳动力人数	−0.034	0.056	−0.039	0.051	−0.021	0.046
家庭收入	0.173***	0.012	0.169***	0.015	0.128***	0.013
家庭收入类型	0.102**	0.108	0.092**	0.105	0.081*	0.089
是否土地确权	0.124**	0.035	0.123**	0.051	0.124**	0.063
转入土地面积	0.131**	0.051	0.126**	0.059	0.126**	0.058
转出土地面积	0.105	0.052	0.126	0.048	0.147	0.067
土地流转期限	0.128**	0.054	0.141**	0.052	0.157**	0.051
种植面积	−0.052	0.005	−0.029	0.008	−0.045	0.009
种植块数	0.015	0.021	−0.027	0.021	0.023	0.015
居住地与最远地块距离	0.047	0.042	0.043	0.036	0.042	0.036
地块周边交通状况	−0.009	0.041	−0.032	0.041	−0.036	0.038
亲环境行为及农业环境相关认知	0.094***	0.042	0.087**	0.043	0.095***	0.037
是否加入合作社	0.012	0.118	0.017	0.115	0.003	0.098
接受农业技术培训的程度	−0.046	0.035	−0.052	0.033	−0.029	0.036
农业投入成本	−0.041	0.029	−0.072*	0.028	−0.070**	0.026
省份	0.056	0.025	0.031	0.024	0.006	0.023
R^2	0.312		0.370		0.428	

注：表中***、**、*分别表示1%、5%、10%的显著性水平。

表6-5　二元利益非一致性在蔬菜种植户绿色农药施用意愿向行为转化过程中调节效应的估计结果

变　量	模型一		模型二		模型三	
	系数	标准误差	系数	标准误差	系数	标准误差
绿色农药施用意愿	0.258***	0.066	0.129**	0.071	0.105**	0.065
长期经济利益与短期经济利益非一致性	—	—	−0.113***	0.059	−0.169***	0.052
长期经济利益与社会利益非一致性	—	—	−0.102**	0.053	−0.115***	0.057
短期经济利益与社会利益非一致性	—	—	−0.146***	0.061	−0.148***	0.059
意愿×长期经济利益与短期经济利益非一致性	—	—	—	—	−0.083**	0.061
意愿×长期经济利益与社会利益非一致性	—	—	—	—	−0.065**	0.060

（续）

变　量	模型一		模型二		模型三	
	系数	标准误差	系数	标准误差	系数	标准误差
意愿×短期经济利益与社会利益非一致性	—	—	—	—	−0.072**	0.074
感知行为控制	0.089**	0.051	0.091**	0.049	0.056	0.048
性别	0.025	0.081	0.051	0.069	0.042	0.068
年龄	0.096**	0.003	0.059	0.003	0.058	0.003
受教育程度	0.169***	0.045	0.192***	0.047	0.173***	0.046
身体自评健康状况	0.015	0.045	0.005	0.041	0.002	0.043
风险态度	0.006	0.065	0.009	0.065	0.003	0.064
党员	−0.050	0.132	−0.046	0.129	−0.034	0.125
村干部	0.031	0.189	0.030	0.187	0.032	0.176
家庭人数	0.051	0.025	0.049	0.026	0.030	0.027
农业劳动力人数	0.002	0.045	−0.014	0.046	−0.023	0.039
家庭收入	0.051	0.012	0.059*	0.009	0.065*	0.013
家庭收入类型	0.185***	0.086	0.136***	0.085	0.115***	0.081
是否土地确权	0.126**	0.036	0.124**	0.053	0.123**	0.059
转入土地面积	0.129**	0.052	0.127**	0.055	0.128**	0.066
转出土地面积	0.106	0.050	0.128	0.047	0.151	0.054
土地流转期限	0.126**	0.051	0.132**	0.054	0.158**	0.012
种植面积	−0.004	0.008	0.005	0.009	0.004	0.007
种植块数	−0.005	0.021	−0.028	0.020	−0.003	0.016
居住地与最远地块距离	0.019	0.048	0.014	0.045	0.002	0.049
地块周边交通状况	−0.006	0.040	−0.014	0.043	−0.034	0.043
亲环境行为及农业环境相关认知	0.115***	0.048	0.093***	0.045	0.094***	0.046
是否加入合作社	−0.022	0.105	−0.036	0.103	−0.032	0.096
接受农业技术培训的程度	0.135***	0.034	0.128***	0.035	0.127***	0.035
农业投入成本	−0.062*	0.028	−0.076**	0.028	−0.078**	0.023
省份	0.028	0.029	0.036	0.023	0.015	0.028
R^2	0.391		0.438		0.456	

注：表中***、**、*分别表示1%、5%、10%的显著性水平。

由表6-4和表6-5分析可知，在绿色农药施用行为中，无论是粮食种植户还是蔬菜种植户，农户绿色农药施用意愿与不同类型二元利益非一致性的乘积项均通过显著性检验，且系数均为负，具体表现为意愿和长期经济利益与短期经济利益非一致性的乘积系数为负、意愿和长期经济利益与社会利益非一致性的乘积系数为负、意愿和短期经济利益与社会利益非一致性的乘积系数为负。与此同时，在这三个调节变量的情境下，粮食种植户与蔬菜种植户中模型三的决定系数相较于模型一和模型二均得到显著提高，表明不同类型二元利益非一致性对农户绿色农药施用意愿与实际行为之间的关系均具有显著的调节作用，包括长期经济利益与短期经济利益非一致性对农户绿色农药施用意愿与实际行为之间的关系具有显著的负向调节作用、长期经济利益与社会利益非一致性对农户绿色农药施用意愿与实际行为之间的关系具有显著的负向调节作用、短期经济利益与社会利益非一致性对农户绿色农药施用意愿与实际行为之间的关系具有显著的负向调节作用。

具体表现为农户对与绿色农药施用行为相关的长期经济利益与短期经济利益非一致性感知程度越强，农户绿色农药施用意愿对其有机肥施用行为的负向促进作用就越弱，即长期经济利益与短期经济利益非一致性可负向调节农户绿色农药施用意愿向实际行为的转化；农户对与绿色农药施用行为相关的长期经济利益与社会利益非一致性感知程度越强，农户绿色农药施用意愿对其有机肥施用行为的负向促进作用就越弱，即长期经济利益与社会利益非一致性可负向调节农户绿色农药施用意愿向实际行为的转化；农户对与绿色农药施用行为相关的短期经济利益与社会利益非一致性感知程度越强，农户有机肥施用意愿对其绿色农药施用行为的负向促进作用就越弱，即短期经济利益与社会利益非一致性可负向调节农户绿色农药施用意愿向实际行为的转化；至此，在绿色农药施用行为中，假设 H1－7、H1－8、H1－9 同时得证。

三、秸秆还田行为下二元利益非一致性的调节效应

采用层次回归对不同类型二元利益非一致性（长期与短期经济利益非一致性、长期经济利益与社会利益非一致性、短期经济利益与社会利益非一致性）在农户秸秆还田意愿向行为转化过程中调节效应的验证结果如表 6－6 和表 6－7。

表 6－6　二元利益非一致性在粮食种植户秸秆还田意愿向行为转化过程中调节效应的估计结果

变　量	模型一		模型二		模型三	
	系数	标准误差	系数	标准误差	系数	标准误差
秸秆还田实施意愿	0.256***	0.047	0.132***	0.052	0.151***	0.053
长期经济利益与短期经济利益非一致性	—	—	−0.098**	0.045	−0.115**	0.042
长期经济利益与社会利益非一致性	—	—	−0.085**	0.046	−0.109**	0.044

（续）

变　量	模型一		模型二		模型三	
	系数	标准误差	系数	标准误差	系数	标准误差
短期经济利益与社会利益非一致性	—	—	−0.139***	0.041	−0.148**	0.041
意愿×长期经济利益与短期经济利益非一致性	—	—	—	—	−0.075*	0.043
意愿×长期经济利益与社会利益非一致性	—	—	—	—	−0.085**	0.045
意愿×短期经济利益与社会利益非一致性	—	—	—	—	−0.071*	0.041
感知行为控制	0.058	0.052	0.096**	0.048	0.065	0.052
性别	−0.037	0.081	−0.020	0.074	−0.023	0.074
年龄	−0.015	0.005	−0.014	0.003	−0.032	0.005
受教育程度	0.073*	0.054	0.091*	0.053	0.095*	0.053
身体自评健康状况	−0.006	0.045	−0.012	0.047	−0.011	0.043
风险态度	−0.002	0.078	−0.002	0.080	−0.003	0.075
党员	0.041	0.118	0.037	0.115	0.038	0.117
村干部	0.021	0.190	0.019	0.184	0.008	0.178
家庭人数	−0.013	0.026	−0.020	0.028	−0.009	0.032
农业劳动力人数	0.031	0.053	0.022	0.049	0.015	0.051
家庭收入	0.091**	0.012	0.101**	0.014	0.104**	0.015
家庭收入类型	−0.006	0.105	−0.052	0.102	−0.036	0.098
是否土地确权	0.127**	0.035	0.125**	0.056	0.124**	0.054
转入土地面积	0.123**	0.056	0.128**	0.054	0.129**	0.063
转出土地面积	0.107	0.052	0.127	0.045	0.150	0.057
土地流转期限	0.124**	0.055	0.134**	0.052	0.155**	0.014
种植面积	0.087	0.004	0.125	0.007	0.126*	0.008
种植块数	−0.102	0.020	−0.152*	0.020	−0.156*	0.017
居住地与最远地块距离	0.049	0.041	0.052	0.039	0.035	0.037
地块周边交通状况	0.082**	0.043	0.078**	0.042	0.070**	0.040
亲环境行为及农业环境相关认知	0.095**	0.045	0.101***	0.046	0.098***	0.044
是否加入合作社	−0.023	0.120	−0.019	0.117	−0.012	0.113
接受农业技术培训的程度	−0.025	0.102	−0.019	0.123	−0.015	0.107
农业投入成本	−0.127***	0.028	−0.106***	0.029	−0.115***	0.029
省份	0.061	0.022	0.045	0.026	0.037	0.021
R^2	0.324		0.361		0.382	

注：表中***、**、*分别表示1%、5%、10%的显著性水平。

表 6-7　二元利益非一致性在蔬菜种植户秸秆还田意愿向行为转化过程中调节效应的估计结果

变　量	模型一		模型二		模型三	
	系数	标准误差	系数	标准误差	系数	标准误差
秸秆还田实施意愿	0.163***	0.050	0.131***	0.057	0.125***	0.054
长期经济利益与短期经济利益非一致性	—	—	−0.024	0.047	−0.023	0.048
长期经济利益与社会利益非一致性	—	—	−0.039	0.048	−0.041	0.049
短期经济利益与社会利益非一致性	—	—	−0.115**	0.058	−0.102**	0.056
意愿×长期经济利益与短期经济利益非一致性	—	—	—	—	−0.015	0.051
意愿×长期经济利益与社会利益非一致性	—	—	—	—	−0.032	0.052
意愿×短期经济利益与社会利益非一致性	—	—	—	—	−0.079**	0.061
感知行为控制	0.103**	0.053	0.098**	0.052	0.101**	0.053
性别	−0.003	0.082	−0.004	0.078	−0.004	0.090
年龄	−0.023	0.003	0.024	0.005	−0.025	0.004
受教育程度	0.086*	0.054	0.078	0.049	0.081	0.048
身体自评健康状况	−0.041	0.046	−0.051	0.046	−0.056	0.045
风险态度	0.078	0.075	0.071	0.073	0.085*	0.079
党员	−0.047	0.143	−0.049	0.146	−0.051	0.148
村干部	−0.028	0.195	−0.029	0.198	−0.021	0.196
家庭人数	0.023	0.029	0.026	0.032	0.024	0.029
农业劳动力人数	−0.052	0.046	−0.056	0.045	−0.056	0.048
家庭收入	−0.031	0.015	−0.043	0.011	−0.049	0.011
家庭收入类型	0.001	0.085	−0.024	0.093	−0.035	0.090
是否土地确权	0.125**	0.034	0.125**	0.054	0.125**	0.055
转入土地面积	0.127**	0.057	0.123**	0.057	0.129**	0.063
转出土地面积	0.104	0.051	0.125	0.042	0.150	0.057
土地流转期限	0.129**	0.055	0.135**	0.058	0.154**	0.013
种植面积	0.092*	0.012	0.104*	0.012	0.116**	0.009
种植块数	−0.114**	0.024	−0.123**	0.023	−0.096*	0.019
居住地与最远地块距离	0.031	0.049	0.037	0.052	0.034	0.059
地块周边交通状况	0.086**	0.053	0.091**	0.045	0.091**	0.046
亲环境行为及农业环境相关认知	−0.137	0.052	−0.038	0.046	−0.041	0.050
是否加入合作社	−0.029	0.051	−0.033	0.049	−0.035	0.047
接受农业技术培训的程度	0.108**	0.035	0.092**	0.038	0.091**	0.037
农业投入成本	0.028	0.031	0.016	0.029	0.025	0.028
省份	0.058	0.034	0.061	0.035	0.056	0.027
R^2	0.182		0.196		0.221	

注：表中***、**、*分别表示1%、5%、10%的显著性水平。

由表6-6可知，在粮食种植户的秸秆还田行为中，农户绿色农药施用意愿与不同类型二元利益非一致性的乘积项均通过显著性检验，且系数均为负，具体表现为意愿和长期经济利益与短期经济利益非一致性的乘积系数为负、意愿和长期经济利益与社会利益非一致性的乘积系数为负、意愿和短期经济利益与社会利益非一致性的乘积系数为负。与此同时，在这三个调节变量的情境下，粮食种植户中模型三的决定系数相较于模型一和模型二均得到显著提高，表明不同类型二元利益非一致性对农户秸秆还田实施意愿与实际行为之间的关系均具有显著的调节作用，包括长期经济利益与短期经济利益非一致性对粮食种植户秸秆还田实施意愿与实际行为之间的关系具有显著的负向调节作用、长期经济利益与社会利益非一致性对粮食种植户秸秆还田实施意愿与实际行为之间的关系具有显著的负向调节作用、短期经济利益与社会利益非一致性对粮食种植户秸秆还田实施意愿与实际行为之间的关系具有显著的负向调节作用。

具体表现为粮食种植户对与秸秆还田实施行为相关的长期经济利益与短期经济利益非一致性感知程度越强，粮食种植户秸秆还田实施意愿对其秸秆还田实施行为的负向促进作用就越弱，即长期经济利益与短期经济利益非一致性可负向调节粮食种植户秸秆还田实施意愿向实际行为的转化；粮食种植户对与秸秆还田实施行为相关的长期经济利益与社会利益非一致性感知程度越强，粮食种植户秸秆还田实施意愿对其秸秆还田实施行为的负向促进作用就越弱，即长期经济利益与社会利益非一致性可负向调节粮食种植户秸秆还田实施意愿向实际行为的转化；粮食种植户对与秸秆还田实施行为相关的短期经济利益与社会利益非一致性感知程度越强，粮食种植户秸秆还田实施意愿对其秸秆还田实施行为的负向促进作用就越弱，即短期经济利益与社会利益非一致性可负向调节粮食种植户秸秆还田实施意愿向实际行为的转化；至此，在秸秆还田实施行为中，假设H1-7、H1-8、H1-9同时得证。

同时，由表6-7分析可知，在蔬菜种植户的秸秆还田实施行为中，在长期经济利益与短期经济利益非一致性、长期经济利益与社会利益非一致性、短期经济利益与社会利益非一致性这三个调节变量的情境下，模型三的决定系数相较于模型一和模型二均得到显著提高，但蔬菜种植户秸秆还田实施意愿和长期经济利益与短期经济利益非一致性的乘积，以及秸秆还田实施意愿和长期经济利益与社会利益非一致性的乘积项均未通过显著性检验，而蔬菜种植户秸秆还田实施意愿与短期经济利益与社会利益非一致性的乘积项则通过显著性检验，且系数为负，表明长期经济利益与短期经济利益非一致性、长期经济利益与社会利益非一致性对蔬菜种植户秸秆还田实施意愿与实际行为之间的关系均未产生显著的调节作用，而短期经济利益与社会利益非一致性则对蔬菜种植户秸秆还田实施意愿与实际行为之间的关系具有显著的负向调节作用，具体表现为蔬菜种植户所具备的与秸秆还田行为相关的短期经济利益与社会利益非一致性水平越高，蔬菜种植户秸秆还田实施意愿对其秸秆还田行为的负向促进作用就越弱，短期经济利益与社会利益非一致性可负向调节蔬菜种植户秸秆还田实施意愿向实际行为的转化，而长期经济利益与短期经济利益非一致性、长期经济利益与社会利益非一致性对蔬菜种植户秸秆还田实施意愿向实际行为的转化则未发挥显著影响或影响不大，至此，在蔬菜种植户的秸秆还田行为中，假设 H1－9 得证，而假设 H1－7 和 H1－8 未能得到证实。

第四节　本章小结

本章采用层次回归方法对不同类型二元利益非一致性的调节效应进行了验证与分析，结果表明，长期经济利益与短期经济利益非一致性在“农户土地利用亲环境意愿——土地利用亲环境行为”关系中的调节效应通过显著性检验，且方向为负，说明长期经济利益与短期经济利益非一致性在农户土地利用亲环境意愿向土地利用亲环境行为转化过程中的负向调节作用较为稳健；长期经济利益与社会利益非一致性在农户土地利用亲环境意愿向土地利用亲环境行为转化过程中的调节效应通过显著性检验，且方向为负，说明长期经济利益与社会利益非一致性在农户土地利用亲环境意愿向土地利用亲环境行为转化过程中的负向调节作用较为稳健；同时，在有机肥施用行为、绿色农药施用行为和秸秆还田行为中，无论是粮食种植户还是蔬菜种植户，短期经济利益与社会利益非一致性在农户土地利用亲环境意愿向土地利用亲环境行为转化过程中的调节效应均通过显著性检验，且方向均为负，说明整体而言，短期经济利益与社会利益非一致性在农户土地利用亲环境意愿向土地利用亲环境行为转化过程中的负向调节作用亦较为稳健，且相较于长期经济利益与短期经济利益非一致性、长期经济利益与社会利益非一致性，短期经济利益与社会利益非一致性的负向调节作用更为稳健。

第七章 农户土地利用亲环境意愿向行为转化的实现路径

第一节 政府层面

一、加强宣传力度与技术指导

政府力量是促进我国社会经济飞速发展的核心，政府所制定的环境保护方面的政策和方针，是鼓励和引导农户土地利用亲环境行为实施的决定性因素，政府对农业绿色生产和土地利用亲环境行为的宣传力度和技术指导，将直接决定农户是否愿意实施绿色生产模式和土地利用亲环境行为。土地污染的主要来源包括两个方面，一个是来自农业生产的直接污染，农户为了作物增产而加大化肥施用量，为了快速治理病虫害而加大农药施用量，为了生产反季节经济作物而大量使用地膜等，从而使得农药、化肥、塑料薄膜的残留进入土壤，大大破坏了土壤的自我净化能力，导致了土地污染的加剧。另一个则是来自工业污染的间接转移，一些地方政府为了追求经济的高速发展而不断加快引进投资的速度，这就使得很多重型污染企业被搬迁到农村里，而其排放的废气、废渣、废水，则最终会进入土壤，导致严重的土地污染，进而导致农作物的重金属含量严重超标，最终危害人类身体健康。而农村地区产生严重土地质量退化的一大原因，则是在经济发展过程中，对于土地维护和修复的忽视，再加上与之相匹配的法律制度因种种原因而未能发挥其应有的作用，这就使得农村土地污染变得日益严峻却未能得到有效治理。因而，要不断加大政府对实施土地利用亲环境行为的宣传力度，告知农户农业绿色发展是实现农业现代化发展的路径，是我国实施乡村振兴战略的要求；同时，要充分发挥基层农技推广部门的作用，加快土地利用亲环境生产技术的传播；最后，通过田间学校，建起农户与农业高新科技间的无线连接，构建起农业科技领域转化为生产力效益的最佳实现路径。田间学校的开办与组织，应以服务农户内在需求为核心主旨、以增强农户学习能力为目标、以培养农户实践能力为动力、以鼓励农户相互交流为途径、发挥流动性课堂这一天生优势、实现农技人员与农户之间的无障碍信息技术交流，以及农户与农户之间的无障碍信息技术交流。而不同地区之间、不同农作物种植类型之间，往往会有很大不同，因此田间学校应采取灵活的开课政策，依据农户的个性化需要和种植目标，采取非固定地点、非固定时间的开课方式，就农户面临的不同困境提出科学合理的对策和建议。

二、建立绿色农业补贴机制

农业绿色生产和可持续发展需要农业化学品生产企业提供绿色、安全的化学品，更需要农户实施绿色的土地利用亲环境行为。对于农民自身与农资生产企业而言，他们的业务目标是实现经济效益最大化，降低成本与提高收益是农户和农资生产公司最为关注的核心要点，想要引导农户实施土地利用亲环境行为，首先要抓住农户从事土地利用亲环境行为的核心需求。驱使农户实施土地利用亲环境行为的核心因素是预期经济收益，农户在追求经济利益时，会存在经济利益内部（长期经济利益和短期经济利益）的非一致性。从实践角度来说，实施土地利用亲环境行为，可能会在短期内增加农业生产成本，但从长远角度来看，合理的土地利用行为可以提高农业产量，同时降低农业生产要素的投入。由此看出，农户对经济利益内部诉求（长期经济利益和短期经济利益）的非一致性，会影响他们是否实施土地利用亲环境行为。由此可见，亟需构建一套以绿色生产为导向的农业补贴机制。首先，制定非常清晰的补贴倾向和兑付方向，秉承有效性与明确性宗旨，再加上对补贴方案和补贴力度的适度引导，明确要求只有实施和采纳了相应绿色生产行为的农户才会被奖励和补贴，以此来鼓励和引导农民实施亲环境生产行为；其次，大幅度提高补贴力度，因为有机肥、生物肥、绿色农药、生物农药等环境友好型投入品的销售价格远高于常规普通化学投入品的销售价格，如果农户的农业生产投入成本大幅度提高，但其所生产的农产品价格却还停留在原地，并没有得以大幅度增加，这就很容易导致农户不乐意施用有机肥、生物肥、绿色农药、生物农药等，因此政府应进一步加大农户采纳有机肥、生物肥、绿色农药、生物农药等农资产品的补贴力度和补贴范围，以此减少农户的农业投入成本，从而提高农户实施土地利用亲环境行为的意愿和实际行动；最后，对积极响应号召而实施绿色生产行为、土地利用亲环境行为的农户给予一定的经济补贴或福利，创建良好示范来影响和鼓励其他农户积极模仿类似行为，营造出一种以“绿色生产”为示范和导向的生产环境和氛围。

三、积极推进农产品认证

消费者在购买农产品之前，往往会通过产品认证标识来初步判断农产品是否达到质量安全标准，因此农产品的质量认证对农户土地利用亲环境行为的实施具有一定引导作用，而且严格按要求认证农产品对农户的生产行为也具有一定的约束作用。近年来，农产品的质量与安全问题一而再再而三地接连发生，这激发了消费者对食品安全的高度敏感和关注，经过相关部门严格把控与多重认证的农产品质量和安全也会更容易取得消费者的信任，因此多数消费者更倾向于去为通过多重认证的农产品买单，如此一来绿色农产品的市场需求量也会大幅度增加，这将有助于农户进行绿色生产、积极认证农产品。首先，要加强对优质安全农产品认证相关知识与公益信息的宣传，全面提高农户和消费者对认证有机绿色农产品的认知水平；其次，鼓励农户种植无公害农产品、绿色农产品和有机农产品，积极推动农户对生产的农产品进行认证；最后，充分发挥农业生产基地的示范作用，引导和鼓励农业生产基地种植生产认证农产品，打造示范型的标准化生产基地，通过基地的统一规划、统一管理、统一实施等方式，带动周边农户的绿色生产行为和农产品认证行为。

四、加大政府规制力度

在中国农业产量提升和土地污染恶化并行的背景下，如何切实有效改善土地污染，已成为政府和学术界关注的重点。预期和现实的巨大差距，要求我们必须对土地利用的相关研究有更加清醒的认识，必须意识到只有当法律、政策法规与农户的土地利用行为一致时，才能发挥法律法规与政策条例应有的效力。要制定相应农产品绿色生产标准并将其进行不断完善，随着社会的发展以及生态系统的变化，消费者对于农产品的需求也会随之发生改变，因而需要对农业生产的要求进行适时调整，从原来单纯追求数量向追求数量与质量并存转变。因此，对农户生产行为的要求也有所变化，对农业绿色生产的标准和具体操作流程也需要进行定期修改，使其既要符合绿色生产的要求，也要具有可操作性，而且修改的生产标准和具体操作流程应该通过网络、纸质资料等途径及时传播到农户，并组织农户进行学习。同时，要加大对农业生产投入品和农产品质量安全的检测力度，建立定期或不定期的监督抽查制度，通过不断提高监管力度来倒逼农户实施土地利用亲环境行为。

第二节　市场层面

一、规范农资销售市场

农资销售市场的规范，既是农业绿色生产的基础，也是农产品质量安全的源头和关键，因此，对农资市场的规范是土地利用亲环境行为实现的重要环节。要加大对农资经销商或销售者的培训和教育，提高他们的专业知识水平和素质水平，通过对农资经销商或销售者销售行为的规范和引导，间接影响到农户的生产行为。并将他们作为土地利用亲环境行为知识的传播途径，向农户传授化学品投入的相关知识，引导农户实施土地利用亲环境行为。同时加强对农资经销商或销售者的监管，特别是对于流动型农资销售者的监督，一旦发现其出售违禁药品或高毒药品等违禁农资商品，坚决对其进行严格的处罚和教育，严格防守违禁化学品流入农产品生产环节，促使农户实施土地利用亲环境行为。最后，要加大对正规农资生产企业的政策扶持，比如税收优惠、财政补贴等，加强农业投入品研发力度，加大研发经费的投入，加快环境友好型化学品的研发、生产和推广。

二、完善市场准入制度

通过建立和完善绿色农产品市场准入的制度，可以倒逼农户实施土地利用亲环境行为，提升农产品质量安全水平。根据不同市场对农产品的特殊需求，制定相应的农产品市场准入制度，在农产品正式流入市场之前实行严格的售前检测，确保市场上农产品的质量安全过关；同时要逐步完善农产品市场体系，不断扩展安全农产品的销售渠道，加强农户与大型批发市场、大中小型超市等的联系，充分发挥批发市场、超市等单位在农产品质量安全保障体系中的重要作用。

三、加强信息披露建设

农产品质量安全信息的公开度和透明度，是决定消费者是否愿意购买该农产品的决定性因素。消费者和农产品生产者间的信息非透明且不对称，使得安全优质农产品的价格难以被实现和满足。由此可见，需要提高对农产品信息的公开力度，降低因为信息不对称而导致的一系列问题，调动和利用互联网、电视、报纸等大众信息获取平台，实时发布农产品质量安全相关资讯，例如地方农产品质量安全信息、农产品安全标识等，让消费者充分了解和识别优质安全农产品，鼓励消费者付出更高价格去购买优质、绿色、有机的农产品，最终间接地提高农户种植有机农产品的热情。

第三节　组织层面

一、鼓励农户加入农业合作经济组织

首先，进一步加大宣传力度，提高各级政府及广大农户对于合作社等产业化组织的认知水平。在农户自愿、互利的基础上，鼓励农户加入农业专业合作社，或其他产业化组织，把分散的小规模农户集中起来，通过鼓励农户加入农业产业组织，减少个体农户的生产与交易成本，提高农户应对自然与市场的抗风险能力，间接提高农户的农业收入水平。其次，倡导不同农业生产经营主体之间的紧密合作，运用多途径、多层次、多形式的合作模式，坚持发展、引导与规范合作并行的发展模式。通过建立农户与产业化组织间的高度连结，构建明确且严格的质量标准，强制农户实施土地利用亲环境行为，实现生态环境的永续保护与绿色农业的可持续发展。最后，农业生产中农户相互监督与组织相互监督，两者合作会带来明显成效，通过构建多层次多维度的社会化监管体系，可以降低政府监管的不足之处，从而大幅度减少政府监管的投入与成本，间接的也就提高了监管的效果。

二、充分发挥产业组织相关服务功能

由于合作社在创建和发展过程中，比较注重其成长数量和速度，而忽视对其质量的把握，使得现实中部分产业组织有名无实，有些组织更是为了获得国家政策补助而成立，并无实质的运作。虽然部分组织是由家庭农场与农业种植大户创建的，但它们的运行更类似于私人化的组织，却不为其成员提供适当的帮助和支持，整个产业组织的服务意识低下、功能发挥不足，直接影响到产业组织的行业规范和有效管理，充分发挥和调动不同产业组织的服务能力，可以引导农户实施土地利用亲环境行为。

三、完善组织与农户的利益分配机制

只有进一步完善组织与农户的利益分配机制，切实提高农户的整体收益水

平，才能有效提高农户加入产业组织的积极性，最终有利于农户生产行为的规范化和农业的绿色可持续发展。鼓励农户与产业组织签订书面合同或有效契约，最大程度上保护用于农业生产的专项资金，制定有利于保护和保障农户利益的相关条例；同时加强对合作社的监督和管理，尽可能让合作社在农业绿色生产中起到引导效果，建立合理的利益分配机制，促使农户与合作社两者良好关系的稳固发展。

第四节　农户层面

一、提高获取绿色生产知识的便利性

可充分利用手机通信功能，通过创建农业生产类相关手机软件，来向农户推送农产品绿色生产技术或技巧，为农户创造学习绿色农产品生产技术的便捷方式，以此来激发和提高农户进行绿色农业生产技术的学习兴趣和学习频率；另外，农户也可以根据自身的农业生产需求，进行有针对性地探索和学习，将网络学习的优势发挥出来，同时也可切实提高农户的绿色农业生产水平及能力。

二、构建农户绿色生产教育培训体系

教育和培训是提高农户知识和农业生产能力、促进农户实施土地利用亲环境行为的重要途径。可以通过创建不同类型的合作社，来对农户进行个性化指导与针对性培训，创新性地打造一个丰富多样、功能齐全的新型教育培训体系。从学习主题来看，尽可能地选取适用于不同地区、不同气候条件的农业生产技术类学习主题，切实让每一位农户都参与到学习当中，鼓励大家将所学知识和技巧运用在绿色农业生产技术中。另外，也要注意学习方法的改进，采取理论教学与实践操作相结合、现场指导与远程协助相结合等方式，设计最为妥当的教学方案对当地农户土地利用亲环境行为方式进行培训和指导。

三、加强对农户自我约束意识的培养

我国农业种植种类具有较大的灵活性，农户可以在自己的土地上决定种植品种与种植方式，由此产生的化学品不合理使用，也会导致土壤污染、水污染、空气污染等生态环境问题。我国目前对于农业生产格局的控制与监管力度

还有很大空缺，由此导致控制与监管方面仍然存有很多不足，亟需农户的高度配合及自我管理。另外还需要教培与宣传结合等多种灵活方式，提高农户对于农村及农业的责任认同感和自我归属感，激发农户在农业生产过程中，不仅仅只关注经济效益，同时也会考虑到自身行为对所处环境带来的影响，使他们明白生态质量退化的代价是极大的，会对他们的生产生活方面造成极大的阻碍，以此来鼓励和引导农户实施土地利用亲环境行为。

第五节　本章小结

由于化肥、农药等化学品的过量、不合理使用导致的严重农业面源污染和农产品质量安全等问题，已成为制约我国农业和农村可持续发展、实施乡村振兴战略的重要因素。促使农业绿色生产、农户实施土地利用亲环境行为是解决这些问题的根本办法，而农户生产行为受到内部和外部多种因素的影响。因此，本章基于前文的分析，从政府层面、市场层面、组织层面以及农户自身层面四个角度提出农户土地利用亲环境行为的实现路径，并根据各个路径的不同切入点和落脚点，针对性提出具体实施的对策建议。通过多方主体协作与努力，共同促进农户实施土地利用亲环境行为。

第八章 研究结论与展望

第一节 研究结论

本节从当前中国农业环境问题日益严峻，而农户不合理的农业生产行为是农业环境污染产生的根源的现实背景出发，在综述现阶段与本书研究主题相关的国内外文献资料的前提下，在计划行为理论的基础上，构建基于二元利益非一致性的农户土地利用亲环境行为理论分析框架。采用多元线性回归模型、结构方程模型和有序 Probit 模型等多种实证方法，验证二元利益非一致性对农户土地利用亲环境意愿与亲环境行为的影响以及农户二元利益非一致性、农户土地利用亲环境意愿和农户土地利用亲环境行为之间的关系，并进行了探讨与分析，得出以下结论：

一、农户二元利益非一致性现状

通过对不同类型三种土地利用亲环境行为下粮食种植户和蔬菜种植户的二元利益非一致性的感知情况与水平进行测量与统计，得出如下结论：

在不同类型的土地利用亲环境行为下，两种不同类型农户的二元利益非一致性无论从各测量题项还是整体来看，均存在显著差异，具体表现为，在有机肥施用行为和绿色农药施用行为中，粮食种植户的长期经济利益与短期经济利益非一致性显著高于蔬菜种植户，而在秸秆还田行为中则显著低于蔬菜种植户；在有机肥施用行为和绿色农药施用行为中，粮食种植户的长期经济利益与社会利益非一致性显著低于蔬菜种植户，而在秸秆还田行为中则显著高于蔬菜种植户；在有机肥施用行为和绿色农药施用行为中，粮食种植户的长期经济利益与社会利益非一致性显著低于蔬菜种植户，而在秸秆还田行为中则显著高于蔬菜种植户。

二、二元利益非一致性对农户土地利用亲环境意愿的影响

采用结构方程模型验证了不同类型二元利益非一致性对农户土地利用亲环

境意愿的影响，得出如下结论：

（1）在有机肥施用意愿中，长期经济利益与短期经济利益非一致性对两种不同类型农户的有机肥施用意愿具有直接抑制作用；在绿色农药施用意愿中，长期经济利益与短期经济利益非一致性对两种不同类型农户的绿色农药施用意愿具有直接抑制作用；在秸秆还田实施意愿中，长期经济利益与短期经济利益非一致性对粮食种植户的秸秆还田实施意愿具有直接抑制作用，而对蔬菜种植户的秸秆还田实施意愿不发挥作用。整体而言，长期经济利益与短期经济利益非一致性对农户土地利用亲环境意愿的直接抑制作用较为稳定，即农户对与土地利用亲环境行为有关的长期经济利益与短期经济利益非一致性的感知程度越强，其对土地利用亲环境行为的实施意愿越低。

（2）在有机肥施用意愿中，长期经济利益与社会利益非一致性对两种不同类型农户的有机肥施用意愿具有直接抑制作用；在绿色农药施用意愿中，长期经济利益与社会利益非一致性对两种不同类型农户的绿色农药施用意愿具有直接抑制作用；在秸秆还田实施意愿中，长期经济利益与社会利益非一致性对粮食种植户的秸秆还田实施意愿具有直接抑制作用，而对蔬菜种植户的秸秆还田实施意愿不发挥作用。整体而言，长期经济利益与社会利益非一致性对农户土地利用亲环境意愿的直接抑制作用较为稳定，即农户对与土地利用亲环境行为有关的长期经济利益与社会利益非一致性的感知程度越强，其对土地利用亲环境行为的实施意愿越低。

（3）在有机肥施用意愿中，短期经济利益与社会利益非一致性对两种不同类型农户的有机肥施用意愿具有直接抑制作用；在绿色农药施用意愿中，短期经济利益与社会利益非一致性对两种不同类型农户的绿色农药施用意愿具有直接抑制作用；在秸秆还田实施意愿中，短期经济利益与社会利益非一致性对两种不同类型农户的秸秆还田实施意愿具有直接抑制作用。整体而言，短期经济利益与社会利益非一致性对农户土地利用亲环境意愿的直接抑制作用较为稳定，即农户所具备的与土地利用亲环境行为有关的短期经济利益与社会利益非一致性水平越高，其对土地利用亲环境行为的实施意愿越低。与此同时，相较于长期经济利益与短期经济利益非一致性、长期经济利益与社会利益非一致性，短期经济利益与社会利益非一致性对农户土地利用亲环境意愿的直接抑制作用更大。

三、二元利益非一致性对农户土地利用亲环境行为的影响

采用有序 Probit 模型和多元线性回归模型验证了不同类型二元利益非一

致性对农户土地利用亲环境行为的影响，得出如下结论：

（1）在有机肥施用行为中，长期经济利益与短期经济利益非一致性对两种不同类型农户的有机肥施用行为具有直接抑制作用；在绿色农药施用行为中，长期经济利益与短期经济利益非一致性对两种不同类型农户的绿色农药施用行为具有直接抑制作用；在秸秆还田行为中，长期经济利益与短期经济利益非一致性对粮食种植户的秸秆还田行为具有直接抑制作用，而对蔬菜种植户的秸秆还田行为不发挥作用。整体而言，长期经济利益与短期经济利益非一致性对农户土地利用亲环境行为的直接抑制作用较为稳定，即农户对与土地利用亲环境行为有关的长期经济利益与短期经济利益非一致性的感知程度越强，其对土地利用亲环境行为的实施程度越低。

（2）在有机肥施用行为中，长期经济利益与社会利益非一致性对两种不同类型农户的有机肥施用行为具有直接抑制作用；在绿色农药施用行为中，长期经济利益与社会利益非一致性对两种不同类型农户的绿色农药施用行为具有直接抑制作用；在秸秆还田行为中，长期经济利益与社会利益非一致性对粮食种植户的秸秆还田行为具有直接抑制作用，而对蔬菜种植户的秸秆还田行为不发挥作用。整体而言，长期经济利益与社会利益非一致性对农户土地利用亲环境行为的直接抑制作用较为稳定，即农户对与土地利用亲环境行为有关的长期经济利益与社会利益非一致性的感知程度越强，其对土地利用亲环境行为的实施程度越低。

（3）在有机肥施用行为中，短期经济利益与社会利益非一致性对两种不同类型农户的有机肥施用行为具有直接抑制作用；在绿色农药施用行为中，短期经济利益与社会利益非一致性对两种不同类型农户的绿色农药施用行为具有直接抑制作用；在秸秆还田行为中，短期经济利益与社会利益非一致性对两种不同类型农户的秸秆还田行为具有直接抑制作用。整体而言，短期经济利益与社会利益非一致性对农户土地利用亲环境行为的直接抑制作用较为稳定，即农户所具备的与土地利用亲环境行为有关的短期经济利益与社会利益非一致性水平越高，其对土地利用亲环境行为的实施程度越低。与此同时，与农户土地利用亲环境意愿一致，相较于长期经济利益与短期经济利益非一致性、长期经济利益与社会利益非一致性，短期经济利益与社会利益非一致性对农户土地利用亲环境行为的直接抑制作用也更大。

（4）在三类不同类型土地利用亲环境行为下，在两种不同类型农户中，感知行为控制和意愿对其土地利用亲环境行为均具有促进作用。此外，种植块数和投入成本对两种不同类型农户的有机肥施用行为均具有抑制作用，受教育程度对两种不同类型农户的有机肥施用行为均具有促进作用；投入成本对两种不同类型农户的绿色农药施用行为均具有抑制作用，受教育程度、家庭收入类型和认知对两种不同类型农户的绿色农药施用行为均具有促进作用；种植块数对两种不同类型农户的秸秆还田行为均具有抑制作用，地块周边交通状况和经济利益追求对两种不同类型农户的秸秆还田行为均具有促进作用。与此同时，接受农业技术培训程度对三种土地利用亲环境行为均具有促进作用。

四、农户土地利用亲环境意愿向行为的转化——二元利益非一致性的调节效应

采用层次回归方法对不同类型二元利益非一致性的调节效应进行了验证与分析，得出如下结论：

在两种不同类型农户的有机肥施用行为、两种不同类型农户的绿色农药施用行为以及粮食种植户的秸秆还田行为模型中，长期经济利益与短期经济利益非一致性、短期经济利益与社会利益非一致性均抑制了农户土地利用亲环境意愿向土地利用亲环境行为的转化；在蔬菜种植户秸秆还田实施意愿向行为转化的过程中，长期经济利益与短期经济利益非一致性、短期经济利益与社会利益非一致性均不发挥作用；但在三种土地利用亲环境行为中，两种不同类型农户的长期经济利益与社会利益非一致性均可抑制农户土地利用亲环境意愿向土地利用亲环境行为的转化。

第二节　研究展望

本书基于甘肃、陕西、河北和山东四省 764 户粮食种植户和 756 户蔬菜种植户的研究数据，从二元利益非一致性视角出发，对农户土地利用亲环境意愿和土地利用亲环境行为进行了理论分析与实证检验，并根据研究结论提出了促进农户土地利用亲环境意愿向土地利用亲环境行为转化的实现路径，对提升农户土地利用亲环境行为的真正实现、提升当前的农业用地质量具有现实指导意义。

本书将三种不同类型土地利用亲环境行为作为研究代表，对二元利益非一致性影响农户土地利用亲环境行为的作用机理进行了分析，并利用实地调查数据对其进行了分析与验证，而在实际的农业生产过程中，除以上提到的三类不同亲环境农业生产方式外，农户在对地膜、农药瓶和化肥袋等农业废弃物的处理方式上也可能存在一些土地利用亲环境行为，由于本书在研究过程中的时间和精力有限，未能对农户二元利益非一致性在其他类型土地利用亲环境行为上

的作用机理进行分析和验证，因而本书中现有的分析过程和研究结论，是否能够在农户其他类别土地利用亲环境行为中依然成立，还需要进一步地探讨和验证。在接下来的研究过程中，也可将土地利用亲环境行为的研究范围和领域进行进一步扩展，对农业生产过程中其他类型的土地利用亲环境行为加以分析，用以探索和检验前文的研究结果和结论是否依然成立。

参　考　文　献

卞元超，吴利华，白俊红，2019. 市场分割与经济高质量发展：基于绿色增长的视角学 [J]. 环境经济研究（2）：96-114.

蔡荣，汪紫钰，钱龙，杜志雄，2019. 加入合作社促进了家庭农场选择环境友好型生产方式吗？——以化肥、农药减量施用为例 [J]. 中国农村观察（6）：51-65.

曹慧，2019. 粮食主产区农户粮食生产中亲环境行为研究 [D]. 杨凌：西北农林科技大学.

曹慧，赵凯，2019. 耕地经营规模对农户亲环境行为的影响 [J]. 资源科学（41）：130-142.

陈睿山，郭晓娜，熊波，2021. 气候变化、土地退化和粮食安全问题：关联机制与解决途径 [J]. 生态学报，41（7）：2918-2929.

程晰钰，2020. 南四湖流域生态系统服务功能对土地利用变化的响应研究 [J]. 地理科学研究（9）：88-96.

丁焕峰，孙小哲，2017. 禁烧政策真的有效吗——基于农户与政府秸秆露天焚烧问题的演化博弈分析 [J]. 农业技术经济（2）：79-92.

董滨宇，2019. 从"多因素决定论"到"道德平静"——论康德的道德心理学 [J]. 中山大学学报（社会科学版）（59）：124-131.

法丽娜，2009. 法制利益论 [D]. 上海：复旦大学.

樊胜岳，霍亚静，2021. 山西省蒲县农户对电力替换煤炭的行为意愿及影响因素分析 [J]. 干旱区资源与环境，35（269）：58-66.

冯娟娟，田祥宇，霍学喜，2019. 改善经济环境有助于提高农民合作社治理效率吗？——基于三阶段 DEA 模型的实证分析 [J]. 农村经济（2）：87-95.

冯伟民，2020. 人类面对的生物灾害与省思 [J]. 地球（286）：36-42.

盖明，1997. 兼相爱，交相利——略论墨子经济思想的核心 [J]. 北京科技大学学报（社会科学版）（4）：24-26.

郭根山，申明远，2021. 生态文明：建立在唯物主义历史观与社会观基础上的社会发展方略 [J]. 探索（9）：80-85.

郭清卉，李昊，李世平，刘丽，2019. 个人规范对农户亲环境行为的影响分析——基于拓展的规范激活理论框架 [J]. 长江流域资源与环境（28）：176-184.

韩丽娟，2019. 延迟折扣的相关研究进展 [J]. 精神医学杂志（32）：82-85.

何可，闫阿倩，王璇，张俊飚，2020. 1996—2018 年中国农业生态补偿研究进展——基于中国知网 1582 篇文献的分析 [J]. 干旱区资源与环境，34（26）：67-73.

和占琼，姜玉婷，何明卫，2019. 城市通勤者低碳出行选择研究——基于 TPB 与 VBN 整合模型［J］. 干旱区资源与环境（33）：89－95.

胡敏中，2001. 创造性思维中理性和非理性之间的必要张力［J］. 科学技术与辩证法（18）：23.

贾小龙，管慧慧，2019. 重释知识产权的对象——基于权利客体与权利对象相区别的视角［J］. 科技管理研究（39）：225－230.

李波，梅倩，2017. 农业生产碳行为方式及其影响因素研究——基于湖北省典型农村的农户调查［J］. 华中农业大学学报（社会科学版）（12）：51－58.

李博文，2020. 积极共情与亲社会行为——可能的连接机制［J］. 心理学进展（10）：260－268.

李成龙、张倩、周宏，2021. 社会规范，经济激励与农户农药包装废弃物回收行为［J］. 南京农业大学学报（社会科学版），21（97）：138－147.

梁丽英，梁彦庆，黄志英，史思琪，2020. 中国省域土地经济效益与城市化耦合协调关系［J］. 水土保持研究，27（140）：267－274.

刘闯，仝志辉，陈传波，2019. 小农户现代农业发展的萌发：农户间土地流转和三种农地经营方式并存的村庄考察——以安徽省 D 村为个案分析［J］. 中国农村经济（8）：64－72.

刘乐，张娇，张崇尚，仇焕广，2017. 经营规模的扩大有助于农户采取环境友好型生产行为吗？——以秸秆还田为例［J］. 农业技术经济（1）：19－28.

刘舒杨，2020. 当代功利主义公共利益思想论析［J］. 政治学研究（5）：80－89.

刘铮，周静，2018. 信息能力、环境风险感知与养殖户亲环境行为采纳——基于辽宁省肉鸡养殖户的实证检验［J］. 农业技术经济（3）：135－144.

罗国杰，1994. 关于孔子义利观的一点思考-兼析“君子喻于义，小人喻于利”［J］. 学术研究（5）：51－53.

罗后清，何国平，2021. 我国的发展模式选择与政府职能转型［J］. 观察与思考（3）：57－63.

马瑞，柳海燕，徐志刚，2021. 农地流转滞缓：经济激励不足还是外部市场条件约束？——对 4 省 600 户农户 2005—2008 年期间农地转入行为的分析［J］. 中国土地科学，12（6）：36－48.

慕良泽，赵勇，2020. 利益博弈：土地征收中多元主体的行为逻辑研究——基于文献梳理及其反思［J］. 地方治理研究（5）：31－42.

彭大振，1980. 物质利益规律是人类社会共有的经济规律［J］. 四川大学学报（哲学社会科学版）（7）：32－34.

彭升，王云华，2019. 以生态循环农业助推绿色发展——以湖南为例［J］. 湖南大学学报（社会科学版）（33）：1－7.

彭文龙，吕晓，辛宗斐，牛善栋，2020. 国际可持续集约化发展经验及其对中国耕地保护的启示［J］. 中国土地科学，34（265）：20－27.

钱龙，2020. 新一轮确权对农户耕地质量保护行为的影响——来自广西的经验证据［J］.

华中农业大学学报（社科）：28－37.
秦静，2020. 开展耕地生态保护补偿的几点建议［J］. 中国国土资源经济，33（397）：27－31.
任立，吴萌，甘臣林，陈银蓉，2019. 城市近郊区农户土地投入风险认知及影响因素研究——基于分布式认知理论的微观调查实证［J］. 中国土地科学（33）：66－73.
荣晨，2020. 我国土地收益分配制度改革的取向和举措——基于不同利益主体的视角［J］. 宏观经济管理，17（2）：58－67.
阮文佳，虞虎，宋学俊，2019. 基于扩展计划行为理论的国际游客在雾霾威胁下的行为意向研究——以北京国际游客为例［J］. 干旱区资源与环境（33）：197－203.
尚杰，石锐，张滨，2019. 农业面源污染与农业经济增长关系的演化特征与动态解析［J］. 农村经济（2）：132－139.
邵帅，李宝礼，2020. 农村劳动力转移如何影响农村环境污染？——基于空间面板模型的实证考察［J］. 中国地质大学学报（社会科学版），20（111）：44－60.
盛光华，戴佳彤，龚思羽，2020. 空气质量对中国居民亲环境行为的影响机制研究［J］. 西安交通大学学报（社会科学版）（16）：95－103.
石志恒，崔民，张衡，2020. 基于扩展计划行为理论的农户绿色生产意愿研究［J］. 干旱区资源与环境，34（259）：42－50.
史恒通，王铮钰，阎亮，2019a. 生态认知对农户退耕还林行为的影响——基于计划行为理论与多群组结构方程模型［J］. 中国土地科学（33）：42－49.
史恒通，王铮钰，阎亮，2019b. 生态认知对农户退耕还林行为的影响——基于计划行为理论与多群组结构方程模型［J］. 中国土地科学（33）：42－49.
史雨星，李超琼，赵敏娟，2019. 非市场价值认知、社会资本对农户耕地保护合作意愿的影响［J］. 中国人口·资源与环境（29）：94－103.
宋文飞，2020. 国家重点生态功能区生态补偿减贫的产权制度残缺，租金利益失衡与优化机制分析［J］. 中国地质大学学报（社会科学版），20（11）：88－99.
苏敏，冯淑怡，诸培新，2020. 家庭生命周期，风险偏好对农户规模经营意愿的影响——基于江苏省北部两县市的调查数据［J］. 中国土地科学（7）：88－96.
苏世燕，杨俊孝，2017. 基于农户土地利用行为的农业生态安全评价——以奇台县为例［J］. 中国农业资源与区划（12）：202－209.
苏月，2019. 政治效能感对居民参与环保集体行动的影响［D］. 上海：华东政法大学.
孙秋鹏，2020. 农户抵制，地方政府惩罚与跨期选择：宅基地征收中的博弈分析［J］. 深圳大学学报（人文社会科学版）（5）：92－102.
孙伟平，崔唯航，2010. 利益：社会历史活动的基础和动因——读王伟光《利益论》［J］. 哲学研究（4）：122－125.
田云，张俊飚，何可，丰军辉，2015. 农户农业低碳生产行为及其影响因素分析——以化肥施用和农药使用为例［J］. 中国农村观察（9）：61－70.
万欣，王贺，王如冰，等，2020. 垃圾焚烧发电项目中公众参与意愿影响因素研究——基于TPB和NAM的整合模型［J］. 干旱区资源与环境（5）：58－63.

王健，张泽，2021. 土地征收的新公众参与边界讨论——基于台湾典型土地征收案例的分析［J］. 中国土地科学（4）：14－21.

王伟光，1990. 论需要和利益的动力作用［J］. 学术论坛（7）：27－31.

王晓军，梅傲雪，周洋，2021. 县级土地利用总体规划编制过程中的利益相关者分析［J］. 资源科学（5）：47－52.

王晓楠，2019. 我国环境行为研究20年：历程与展望——基于CNKI期刊文献的可视化分析［J］. 干旱区资源与环境（33）：22－31.

王学婷，张俊飚，童庆蒙，2020. 地方依恋有助于提高农户村庄环境治理参与意愿吗？——基于湖北省调查数据的分析［J］. 中国人口·资源与环境（30）：136－148.

温涛，王小华，杨丹，等，2015. 新形势下农户参与合作经济组织的行为特征、利益机制及决策效果［J］. 管理世界（2）：82－97.

武秀芬，2019. 农村环境资源保护的利益冲突及有效协调策略［J］. 乡村科技（27）：116－121.

谢灯明，何彪，蔡江莹，等，2020. 森林康养潜在游客感知风险对行为意向影响研究［J］. 林业经济问题（40）：68－73.

徐忠，2021. 农户借贷与资本投入——土地流转的影响［J］. 南京农业大学学报（社会科学版），21（97）：100－112.

薛纪湉，1993. 关于物质利益追求的几点思考［J］. 道德与文明（6）：7－8.

阎波，吴建南，刘佳，2021. 基于利益相关者理论的政府绩效评估与问责［J］. 资源科学（7）：174－181.

杨健，2019. 土地征收过程中的维权途径与结果探析［J］. 消费导刊（2）：25－31.

杨元智，陈运春，廖丽君，等，2020. 西南片区耕地等别空间分布特征［J］. 水土保持研究（6）：58－63.

易程程，艾东，2017. 村集体主导的土地整治利益相关者识别及冲突管理——以北京市C镇Z村土地整治项目为例［J］. 农业工程（12）：115－130.

于昊辰，曾思燕，王庆宾，等，2021. 多情景模拟下新时代中国耕地保护底线预测［J］. 资源科学（43）：122－133.

臧俊梅，郑捷航，农殷璇，等，2020. 耕地保护及其必要性：不同兼业程度农户的认知与意愿——基于珠三角的调查与实证［J］. 中国农业资源与区划（41）：82－90.

张慧鹏，2020. 大国小农：结构性矛盾与治理的困境——以农业生态环境治理为例［J］. 中国农业大学学报（社会科学版）（37）：15－24.

张菊燕，姚世美，任晓冬，2020. 地方产业扶贫发展的差异化——基于三个农民专业合作社利益相关者之间的博弈分析［J］. 农村经济与科技，31（483）：75－78，170.

张俊丽，2018. 他人的特点与他人的行为之间的一致性对决策者时间贴现偏好的影响［D］. 大连：辽宁师范大学.

张康之，2020. 论风险社会生成中的自然社会化［J］. 江苏师范大学学报（哲学社会科学版）(5)：1-12.

张明志，孙婷，2019. 贴现率是否会影响当期碳排放？——理论机制与经验辨识［J］. 山东财经大学学报（31）：102-111.

张维理，张认连，冀宏杰，等，2020. 中德农业源污染管控制度比较研究［J］. 中国农业科学（53）：965-976.

张兴国，1991. 利益及其特点［J］. 辽宁大学学报（哲学社会科学版）(5)：31-32.

郑纪刚，张日新，曾昉，2021. 农地流转对化肥投入的影响——以山东省为例［J］. 资源科学（43）：921-931.

郑纪刚，张日新，2021. 认知冲突，政策工具与秸秆还田技术采用决策——基于山东省 892 个农户样本的分析［J］. 干旱区资源与环境，35（269）：67-71.

朱庆莹，陈银蓉，袁凯华，等，2020. 资本禀赋与农户耕地保护支付意愿关系——基于城镇近郊区与城镇远郊区的对比分析［J］. 长江流域资源与环境（29）：203-213.

朱婷婷，何源，2020. 近十年国内外计划行为理论应用现状及热点分析［J］. 南京医科大学学报（社会科学版）(20)：77-83.

朱晓雨，石淑芹，石英，2014. 农户行为对耕地质量与粮食生产影响的研究进展［J］. 中国人口·资源与环境（6）：53-60.

邹利林，刘彦随，王永生，2020. 中国土地利用冲突研究进展［J］. 地理科学进展（39）：76-81.

Ajzen，Icek，Beverly L Driver，1992. Application of the theory of planned behavior to leisure choice［J］. *Journal of Leisure Research*，24：207-224.

Ali，Amjad，Marc Audi，Yannick Roussel，2021. Natural Resources Depletion，Renewable Energy Consumption and Environmental Degradation：A Comparative Analysis of Developed and Developing World［J］. *International Journal of Energy Economics and Policy*，11：251-260.

Alonso-Vazquez，Marisol，Jan Packer，et al，2019. The role of place attachment and festival attachment in influencing attendees' environmentally responsible behaviours at music festivals［J］. *Tourism Recreation Research*，44：91-102.

Atkinson，A. B.，J. E. Stiglitz，2006. The structure of indirect taxation and economic efficiency［J］. *Journal of Public Economics*，1：97-119.

Bagheri，Asghar，Abolmohammad Bondori，Mohammad Sadegh Allahyari，et al，2021. Use of biologic inputs among cereal farmers：application of technology acceptance model［J］. *Environment，Development and Sustainability*，23：5165-5181.

Binder，Martin，Ann-Kathrin Blankenberg，2017. Green lifestyles and subjective well-being：More about self-image than actual behavior？［J］. *Journal of Economic Behavior & Organization*，137：304-323.

Binder，Martin，Ann-Kathrin Blankenberg，Jorge Guardiola，2020. Does it have to be a sacrifice? Different notions of the good life，pro-environmental behavior and their heterogeneous impact on well-being [J]. *Ecological Economics*, 167: 148 - 156.

Brahmanand, P. S., Biswaranjan Behera, Shivendra Kumar Srivastava, et al, 2021. Cultivated land utilization index vis-a-vis cropping intensity for crop diversification and water resource management in Odisha, India [J]. *Current Science* (*Bangalore*), 120: 1217 - 1224.

Cottrell, Stuart P, 2003. Influence of sociodemographics and environmental attitudes on general responsible environmental behavior among recreational boaters [J]. *Environment and Behavior*, 35: 347 - 375.

Dodds, Rachel, Robert E Pitts, Wayne W Smith, 2016. Willingness to pay for environmentally linked clothing at an event: visibility, environmental certification, and level of environmental concern [J]. *Tourism Recreation Research*, 41: 283 - 290.

Esfandiar, Kourosh, Ross Dowling, et al, 2020. Personal norms and the adoption of pro-environmental binning behaviour in national parks: An integrated structural model approach [J]. *Journal of Sustainable Tourism*, 28: 10 - 32.

Fridgen, Cynthia, 1994. Human disposition toward hazards: Testing the environmental appraisal inventory [J]. *Journal of Environmental Psychology*, 14: 101 - 112.

Granzin, Kent L, Janeen E Olsen, 1991. Characterizing participants in activities protecting the environment: A focus on donating, recycling, and conservation behaviors [J]. *Journal of Public Policy & Marketing*, 10: 1 - 27.

Gu, Dian, Shuqing Gao, Rong Wang, et al, 2020. The Negative Associations Between Materialism and Pro-Environmental Attitudes and Behaviors: Individual and Regional Evidence from China [J]. *Environment and Behavior*, 52: 611 - 638.

Hal, R., Varian, 2003. Buying, Sharing and Renting Information Goods [J]. *The Journal of Industrial Economics*, 48: 473 - 488.

Han, Heesup, 2015. Travelers' pro-environmental behavior in a green lodging context: Converging value-belief-norm theory and the theory of planned behavior [J]. *Tourism Management*, 47: 164 - 177.

Haug, Wolfgang Fritz, 2001. From Marx to Gramsci, from Gramsci to Marx: Historical Materialism and the Philosophy of Praxis [J]. *Rethinking Marxism*, 13: 69 - 82.

Hines, Jody M, Harold R Hungerford, Audrey N Tomera, 1987. Analysis and synthesis of research on responsible environmental behavior: A meta-analysis [J]. *The Journal of Environmental Education*, 18: 1 - 8.

Hu, Hsin-Hui, HG Parsa, John Self, 2010. The dynamics of green restaurant patronage [J]. *Cornell Hospitality Quarterly*, 51: 344 - 362.

Hurst, Megan, Helga Dittmar, Rod Bond, et al, 2013. The relationship between materialistic values and environmental attitudes and behaviors: A meta-analysis [J]. *Journal of Environmental Psychology*, 36: 257 - 269.

Janmaimool, Piyapong, Samattaphong Khajohnmanee, 2020. Enhancing university students' global citizenship, public mindedness, and moral quotient for promoting sense of environmental responsibility and pro-environmental behaviours [J]. *Environment, Development and Sustainability*, 22: 957 - 970.

Kaiser, Florian G, Michael Ranney, et al, 1999. Ecological behavior, environmental attitude, and feelings of responsibility for the environment [J]. *European Psychologist*, 4: 59.

Kantola, SJ, GJ Syme, AR Nesdale, 1983. The effects of appraised severity and efficacy in promoting water conservation: An informational analysis [J]. *Journal of Applied Social Psychology*, 13: 164 - 182.

Kasser, Tim, 2017. Living both well and sustainably: a review of the literature, with some reflections on future research, interventions and policy [J]. Philosophical Transactions of the Royal Society A: *Mathematical, Physical and Engineering Sciences*, 375: 20 - 31.

Kazeminia, Azadeh, Magnus Hultman, et al, 2016. Why pay more for sustainable services? The case of ecotourism [J]. *Journal of Business Research*, 69: 92 - 97.

Kim, Soheon, Viachaslau Filimonau, Janet E Dickinson, 2020. The technology-evoked time use rebound effect and its impact on pro-environmental consumer behaviour in tourism [J]. *Journal of Sustainable Tourism*, 28: 164 - 184.

Lu, Runhao, Xingli Zhang, Jiannong Shi, 2021. The Application of Eye-Movement Technique in the Study of Individual Cognitive Differences [J]. *The Journal of Psychological Science*, 44: 552 - 558.

Mair, Judith, Jennifer H Laing, 2013. Encouraging pro-environmental behaviour: the role of sustainability-focused events [J]. *Journal of Sustainable Tourism*, 21: 13 - 28.

Marde, Sinove, Claire Verite-Masserot, 2018. Antecedents of green consumption: a scale of measure [J]. *The Journal of Consumer Marketing*, 35: 414 - 425.

Miheretu, Birhan Asmame, Assefa Abegaz Yimer, 2018. Land use/land cover changes and their environmental implications in the Gelana sub-watershed of Northern highlands of Ethiopia [J]. *Environmental Systems Research*, 6: 1 - 12.

Movilla-Pateiro, L., X. M. Mahou-Lago, M. I. Doval, et al, 2021. Toward a sustainable metric and indicators for the goal of sustainability in agricultural and food production [J]. *Critical Reviews in Food Science and Nutrition*, 61: 1108 - 1129.

Poškus, Mykolas Simas, 2018. Investigating pro-environmental behaviors of Lithuanian university students [J]. *Current Psychology*, 37: 225 - 233.

Pronello, Cristina, Jean-Baptiste Gaborieau, 2018. Engaging in pro-environment travel behaviour research from a psycho-social perspective: A review of behavioural variables and theories [J]. *Sustainability*, 10: 24 - 32.

Qu, Rui, Guilin Han, Man Liu, et al, 2019. The Mercury Behavior and Contamination in Soil Profiles in Mun River Basin, Northeast Thailand [J]. *International Journal of Environmental Research and Public Health*, 16: 41 - 52.

Ranacher, Lea, Barbora Pollakova, Peter Schwarzbauer, et al, 2021. Farmers' Willingness to Adopt Short Rotation Plantations on Marginal Lands: Qualitative Study About Incentives and Barriers in Slovakia [J]. *Bioenergy Research*, 14: 357 - 373.

Rezaei-Moghaddam, Kurosh, Nasim Vatankhah, et al, 2020. Adoption of pro-environmental behaviors among farmers: application of Value-Belief-Norm theory [J]. *Chemical and Biological Technologies in Agriculture*, 7: 1 - 15.

Rhodes, Ryan E, Mark R Beauchamp, et al, 2015. Prediction of depot-based specialty recycling behavior using an extended theory of planned behavior [J]. *Environment and Behavior*, 47: 11 - 23.

Samuelson, A. Paul, 1954. The Pure Theory of Public Expenditure [J]. *Review of Economics & Statistics*, 36: 387 - 392.

Stern, Paul C, 2000. New environmental theories: toward a coherent theory of environmentally significant behavior [J]. *Journal of Social Issues*, 56: 407 - 424.

Strotz, R. H, 1955. Myopia and Inconsistency in Dynamic Utility Maximization [J]. *Review of Economic Studies*, 23: 165 - 180.

Thøgersen, John, 1996. Recycling and morality: A critical review of the literature [J]. *Environment and Behavior*, 28: 536 - 558.

Tölkes, Christina, Elias Butzmann, 2018. Motivating pro-sustainable behavior: The potential of green events—A case-study from the Munich Streetlife Festival [J]. *Sustainability*, 10: 37 - 42.

Wang, Shanyong, Jing Wang, et al, 2020. Do motivations contribute to local residents' engagement in pro-environmental behaviors? Resident-destination relationship and pro-environmental climate perspective [J]. *Journal of Sustainable Tourism*, 28: 834 - 852.

Welsch, Heinz, Jan Kühling, 2010. Pro-environmental behavior and rational consumer choice: Evidence from surveys of life satisfaction [J]. *Journal of Economic Psychology*, 31: 405 - 420.

Welsch, Heinz, Jan Kühling, 2018. How green self image is related to subjective well-being: Pro-environmental values as a social norm [J]. *Ecological Economics*, 149: 105 - 119.

White, Thomas I, 1982. Pride and the Public Good: Thomas More's Use of Plato in Utopia [J]. *Journal of the History of Philosophy*, 20: 329 - 354.

Whitmarsh, Lorraine, Saffron O'Neill, 2010. Green identity, green living? The role of pro-environmental self-identity in determining consistency across diverse pro-environmental behaviours [J]. *Journal of Environmental Psychology*, 30: 305 - 314.

Wong, IpKin Anthony, Yim King Penny Wan, et al, 2020. Green event directed pro-environmental behavior: an application of goal systems theory [J]. *Journal of Sustainable Tourism*.

Xiao, Jing Jian, Haifeng Li, 2011. Sustainable consumption and life satisfaction [J]. *Social Indicators Research*, 104: 323 - 331.